河南省高校人文社会科学研究一般项目（项目编号

制造企业数字化创新战略的
关键驱动因素及作用机理研究

王俊淇　著

中国财经出版传媒集团

经济科学出版社
Economic Science Press

·北京·

图书在版编目（CIP）数据

制造企业数字化创新战略的关键驱动因素及作用机理
研究／王俊淇著． -- 北京 ： 经济科学出版社，2025.
3. -- ISBN 978 - 7 - 5218 - 6848 - 7

Ⅰ. F426.4

中国国家版本馆 CIP 数据核字第 2025V6N341 号

责任编辑：李一心
责任校对：蒋子明
责任印制：范　艳

制造企业数字化创新战略的关键驱动因素及作用机理研究

ZHIZAO QIYE SHUZIHUA CHUANGXIN ZHANLÜE DE GUANJIAN

QUDONG YINSU JI ZUOYONG JILI YANJIU

王俊淇　著

经济科学出版社出版、发行　新华书店经销

社址：北京市海淀区阜成路甲 28 号　邮编：100142

总编部电话：010 - 88191217　发行部电话：010 - 88191522

网址：www. esp. com. cn

电子邮箱：esp@ esp. com. cn

天猫网店：经济科学出版社旗舰店

网址：http：//jjkxcbs. tmall. com

北京季蜂印刷有限公司印装

710 × 1000　16 开　14.5 印张　210000 字

2025 年 3 月第 1 版　2025 年 3 月第 1 次印刷

ISBN 978 - 7 - 5218 - 6848 - 7　定价：78.00 元

（图书出现印装问题，本社负责调换。电话：010 - 88191545）

（版权所有　侵权必究　打击盗版　举报热线：010 - 88191661

QQ：2242791300　营销中心电话：010 - 88191537

电子邮箱：dbts@ esp. com. cn）

近年来，随着数字经济的快速发展，制造业呈现复杂、动态、不确定的市场环境，如何在生产经营过程中，运用数字化创新的方式提升企业绩效，将是制造企业转型升级过程中面临的严峻挑战。从理论视角来看，制造企业数字化创新行为是一个长期且持续的实践过程，需要适应不断变化的政策和市场环境。因此，数字化创新战略是制造企业完成转型升级使命，实现高质量发展的重要选择。在行业数字化创新实践背景下，制造企业如何有效利用数字化创新战略的实施与规划，在提升企业经济效益同时为企业提供可持续的竞争优势，达到转型目标，成为目前我国制造企业发展的关键，也是本书重点研究的问题。

因此，本书以数字化创新为视角，对制造业进行深入研究，探析驱动数字化创新战略的重要因素，以及数字化创新战略对企业绩效的影响。采用定性与定量相结合的研究方法，明确了制造企业数字化创新战略关键驱动因素以及作用机理的维度构成，构建了制造企业数字化创新战略、关键驱动因素及企业绩效三者的理论框架和模型。并开发了制造企业数字化创新战略作用机理的测量量表，进一步对在管理者支持调节、数字化形象和能力中介作用下构建的理论模型进行实证检验。

首先，对制造企业数字化创新战略的关键驱动因素进行识别，通过对制造企业管理者和一线员工进行访谈，采用扎根理论方法对获得的访

1

谈材料进行编码。研究发现：（1）制造企业数字化创新战略作用机理揭示了企业数字化创新是一种以外部环境和内部资源相结合的方式，通过战略抉择与规划来解决企业绩效问题的创新行为，在数字化创新战略作用机理框架中又分为关键因素对数字化创新战略的驱动效应和数字化创新战略对绩效的影响机理两部分。（2）在制造企业数字化创新战略驱动效应的关键维度，包括数字化能力、数字化资源、市场压力和政策引导。其中管理者的数字化特质对数字化创新战略不仅具有直接驱动作用，还具有间接的影响。（3）数字化创新战略能够显著提升制造企业绩效。制造企业基于数字化创新战略受到的绩效影响，主要通过数字化形象和数字化能力与数字化创新战略动态循环机制作用于两种不同的绩效表现类型，即企业的经济绩效和创新绩效。

其次，在相关文献研究和扎根理论研究结果基础上，从变革管理理论视角，构建了制造企业数字化创新战略作用机理模型，即"关键驱动要素——数字化创新战略——企业绩效表现"三者的理论模型。另外，将管理者支持作为关键驱动因素与数字化创新战略之间的调节因素纳入研究模型，将数字化形象和数字化能力作为数字化创新战略与企业绩效之间的中介因素纳入研究模型，并提出理论模型中的关系假设。在此基础之上，通过问卷调查、量表信度与效度检验、预调研、题项编制与修正等方式最终梳理出9个维度36个题项的制造企业数字化创新战略作用机理问卷量表。

最后，进一步采用 Pearson 相关分析、多元层级回归分析、Bootsrap 检验等统计分析方法检验了制造企业数字化创新战略的作用机理。研究以制造企业管理者和一线员工为调研对象，通过问卷调查获得一手资料，并采用统计方法对问卷数据进行了分析，结果显示：（1）关键因素：政策引导、市场压力、数字化资源和数字化能力均积极驱动了制造企业数字化创新战略的选择与实施。（2）管理者支持在政策引导、数字化能力与数字化创新战略之间起到了正向调节作用，但对市场压力、数字化资源与数字化创新战略关系的调节作用不显著。（3）数字化创新战略对制造企业经济绩效和创新绩效均产生积极影响，其中对创新绩效的影响更强。(4) 数字化形象和能力的中介作用得到验证，具体而言，数字化形象和数字化能力对数字化创新战略与企业经济绩效、创新绩效之间均起到了完全中介作用。

本研究对推动制造企业数字化创新战略作用具有一定的理论贡献：

(1) 本研究通过对制造企业数字化创新战略作用机理的研究，丰富了战略管理理论在数字化创新领域的研究框架。以往对制造企业数字化创新的研究集中于传统信息化、数字化转型、智能制造等领域，而这些领域的研究多数以数字化技术为核心要素，关注组织具体业务流程方面，现有制造企业数字化创新的理论成果更聚焦于组织内部环境。本研究以变革管理论为核心，兼顾了外部环境和内部环境视角下制造企业数字化创新战略的影响机制，以及数字化创新战略对企业绩效的作用路径。从战略统筹的视角，探索了数字化创新对制造企业带来的长期效益，既弥补了制造企业数字化创新战略决策与规划方面的理论空白，又丰富了企业数字化创新理论研究成果。

(2) 本研究提炼了影响数字化创新战略的关键维度及相关特征，证实了关键因素对数字化创新战略的驱动效应，厘清了数字化创新战略的过程及特性。在识别制造企业数字化创新战略关键驱动因素过程中，基于扎根理论的编码分析，凝练出制度引导、市场压力、数字化资源和能力四个关键维度以及特征，例如制度引导除了包含制度的强制性和规范性外，还存在制度的激励属性。通过实证检验，证实了管理者对数字化创新的支持态度在关键因素与数字化创新战略的作用机理中起到了调节作用，进一步深化了制造企业数字化创新战略驱动效应框架。

(3) 丰富了资源基础理论和能力理论的内涵，解释了企业绩效受到数字化创新战略的"黑箱"影响，在以往的学术研究中，虽然对企业绩效受数字化创新战略的影响进行了大量的研究，但对数字化创新战略具体作用路径，并未进行深度剖析。本书将动态能力和异质性资源作为提升企业绩效的重要因素，在对数字化创新战略"黑箱"作用进行研究时，带入数字化能力和数字化形象，研究表明：数字化能力和数字化形象，在数字化创新战略与企业经济绩效和创新绩效当中有中介作用，也进一步显现了企业绩效受数字化创新战略的作用路径。因此，本书的研究能够为制造业企业，通过数字化创新战略提升能力、积累资源提供一定的参考作用。

CONTENTS 目 录

第 1 章

绪　　论

1.1　研究背景与问题

1.1.1　研究背景

1. 全球制造业发展困境

伴随着历次工业革命与科技变革演进，全球制造业先后进行了四次大规模迁移，形成了以西欧、东欧、北美、日本以及亚洲东部沿海为核心的世界五大工业区。当前，新一代信息技术加速创新、快速迭代、群体突破，第四次工业革命席卷而来，主要工业区日益受到能源、劳动力、产业结构等因素限制，纷纷遇到发展困境。制造业也逐渐形成四个"不可逆"的发展趋势。一是不可逆的人口老龄化。人口老龄化是经济社会发展进步的必然产物，是不可逆转的客观发展趋势。目前，世界主要工业区都出现了人口增长率下降，老龄化严重的现象[1]。日本 65 岁以上非劳动力人口比例高达 28.4%，已经进入超高龄社会；德国该比例达到 20.4%，位居欧洲第一；中国预计"十四五"期间该比例将达到 14%，进入深度人口老龄化社会[2]。老龄化将加剧适龄劳动者短缺，带来许多新的生存发展问题。二是不可逆的经济全球化。长期以来，逆全球化思想在部分西方国家甚嚣尘上，各种各样的保护主义大行其道，使经济全球化进程遭受了很大的阻碍。在全球疫情蔓延的背景下，部分国家为转移国内矛盾，逆全球化的言行愈演愈烈。在全球化的历史中，体现出"合作共赢、对抗互损"的规律，世界经济之所以在第二次世界大战后获得了飞速的发展，经济全球化起到了极大的作用。三是不可逆的 GDP 增速低迷。近年来发达国家 GDP 增长平均下降到了 1%，发展中国家 GDP 增长平均下降到 2.1%，甚至出现了部分 GDP 负增长的国家[3]。世界主要工业国都面临经济下行的巨大压力，甚至成为未来一段时间内的经济常态，在短期内很难改变经济低迷的现状。四是不可逆的制造业产能过剩。自 2009 年金融危机以后，产能与实际生产的差距一直很大，除了个别产品制造速度缓慢外，90% 以上的产品是过剩的[4]。这就意味着很多产品供过于求，生产设备无法满负荷生产，市场竞争越来越激烈，制造业的利润越来越低，全球制造企业的生产与发展都面临着极大的压力。

2. 中国制造业发展现状

从国际竞争环境来看，中国制造业的发展水平处于全球第三梯队，呈现"大而不强""全而不优"的局面。中国制造业与美德日等的制造水平仍存在较大的差距：一是我国制造业的国际竞争态势严峻。世界各国对制造业的发展越来越重视，在积极保护本国制造业发展的同时，不断加大出口以争夺国际市场。在国际竞争的愈趋激烈背景下，我国制造产业发展水平也在不断提高，我国与主要发达国家的出口产品结构不断趋同；而与发展中国家相比，近年来我国与印度、印尼等国家在低端制造业的出口产品结构相似度也在不断上升[5]。因此，近年来我国制造业面临发展中国家的追击和发达国家的围堵，出现了较大的困难。二是由于受到进口配件和设备的约束，我国高端制造业的发展也遭到很大的阻力。作为我国经济高质量发展的重点战略领域，装备制造、航空、汽车和电子信息等制造产业的关键工艺、核心设备等大部分来自进口。相关进出口数据显示，2021 年我国对集成电路、变速箱、各类集装箱等的进口额均较大。而且这些关键设备和零件大部分都来自欧美日韩等发达国家，这种国际垄断形势使得潜在风险一直存在于我国产业结构调整之中[6]。三是与西方发达国家相比，我国制造产业技术升级还有较大差距。尽管我国创新指数一直在稳步上升，从2012年底34位上升至2022年底11位，但与发达国家相比，在制造业领域的实力仍存在差距。比如，日本在全球的40多家百强制造企业，均属于制造业供应链的上游产业。从专利数量来看，我国的专利布局不够均衡，除了电子通信领域的专利申请数量位居第一外，在发动机、环境技术、生物技术等与我国核心产业相关的核心技术专利仍然落后较多。而从专利质量来看，专利"深度"不够，我国研发投入强度约为2.4，低于制造强国水平[7]。

从国内资源环境来看，优势资源受到追赶，降低了我国制造业的竞争力。一是与发展中国家相比，我国更具有劳动力成本优势。我国制造业在国际上的劳动力优势主要源于其充裕而相对廉价，但伴随我国经济社会加速发展，人口以及产业结构也发生转型，中国制造的劳动力成本优势难再延续。从2012年开始，我国劳动年龄人口的数量和比重一直在下降。近些年，制造业就业员工加速流向第三产业，如快递、外卖、直播等。从2020年新冠疫情起，网络配送、直播电商等扩张，加剧了劳动力的迁移[8]。在劳动力成本方面，企业互联网招聘数据显示：2021年我国由于制造业人才需求高，随着不断上升的国内工资水平，相比于发达国家，我国制造业劳动力成本优势逐渐减小，并且，欧美国家劳动生产率相比我国更高，在一些制造业领域，欧美国家甚至更具有综合优势[9]。二是我国制造业遭受运输成本上涨和原料成本增加的双重压力。受疫情影响，全球货币超发，上游大宗商品价格上涨，抬高了矿产类、铜类、原油等原料采购成本和运输成本[10]。三是制造业发展土地成本明显上扬。我国城镇化进程影响了土地的价格，也对制造企业的土地要素造成影响。对全国100个大中城市工业用地挂牌均价的分析显示，2012年以来，我国主要城市工业用地价格上涨势头明显。中国电子信息产业发展研究院等研究机构，以国内百个大中型城市工业用地挂牌均价为研究对象进行研究，结果表明，我国主要城市工业用地价格自

2012 年以来迅速上涨，目前价格高于马来西亚、美国等国家，与印度、韩国、德国等国持平[11]。

3. 制造业数字化转型是大势所趋

全球各主要经济体为了摆脱当前发展困境，都在不断摸索，中国、日本、德国、英国、美国都制定国家战略对此进行规划，力图找到新的经济增长点，虽然战略的时间、侧重有所差异，但是都不约而同地将目光聚焦到数字化转型领域，积极支持和引导各类市场主体探索数字化转型的新模式、新业态，鼓励开展技术创新和产业应用，为经济高质量发展注入"强心剂"，加快形成经济发展的新增长点。

从国际看，各主要经济体希望传统产业能够通过数字化转型重新获得竞争优势，纷纷出台了适合本国国情的数字化战略。德国积极践行"工业 4.0"出台《"创新德国"未来一揽子研究计划》，投资科学、研究和未来技术，同时借助德国人工智能战略提升德国和欧洲人工智能技术的竞争力[12]；美国发布了《关键与新兴技术国家战略》，要求在人机交互、区块链技术、数据储存、数据科学、网络技术等领域，与新兴技术国家形成同盟，保持世界领导者地位[13]；欧盟则发布了"2030 数字罗盘"计划，为欧洲未来 10 年的数字化转型战略构建了具体路径[14]；英国则颁布了《国家数字战略》，要求政府、社会、企业进一步使用数据，以此推动国家创新、提高生产力、新增就业岗位和创业机会[15]；法国发布《使法国成为突破性技术主导的经济体》报告，遴选出法国有领先潜力且需要国家集中战略支持的市场，并开发与数字化解决方案相适应的技术和服务[16]；日本发布《科学与技术基本计划第六版》，要求日本经济通过数字化转型，适应新的经济形势，进一步提升国内经济结构的韧性，率先在国内构建"超智能社会 5.0"[17]；韩国政府提出了《基于数字的产业创新发展战略》，以"数字 + 制造业"为核心，提高韩国优势制造业中产业数据利用率，增强韩国制造业的竞争力[18]。

从国内看，我国政府高度重视数字经济与实体经济融合，产学研用基本形成数字化转型共识。习近平总书记在福建工作期间，率先提出"数字福建"战略，提出智慧化、可视化、网络化、数字化是"智慧福建"的建设目标，这也开创了中国数字化转型应用实践的先河。习近平总书记于 2015 年参加"第二届世界互联网大会"时指出，要稳步推进建设"数字中国"。在党的十九大报告中，从国家战略层面提出了建设"数字中国"。2017 年 4 月科技部印发了《"十三五"先进制造技术领域科技创新专项规划》，明确构建数字化、智能化、网络化的生产线和数字化工厂，从而提升生产效率、产品质量，提升产业的竞争力。国务院于 2017 年 11 月颁布了《关于深化"互联网 + 先进制造业"发展工业互联网的指导意见》，要求实现实体经济与互联网经济的深度融合，通过"互联网 +"的形式，推动实体经济不断向前发展，形成同步提升、相互促进的发展局面，打造与我国经济发展相适应的工业互联网体系。同年，国家发改委发布了《增强制造业核心竞争力三年行动计划（2018—2020 年）》对未来 3 年包括重大技术装备、智能化新材料、高端医疗器械、高端药品、现代农业机械、智能汽车、智能机器人、海洋工程装备、高端船舶、轨道交通装备等战略性制造业行动计划进行了详细部署，文件要求推动先进制造业不断发展，形成实体经济深度应用人工智能、大数据、互联网的新格局，在制造业关键技术重点领域实现突破，增强制造业核心竞争力。2019 年 8 月，工信部发布《关于促进制造业产品和服务质量提升的实施意见》提出加快钢铁、水泥、电解铝、平板玻璃等传统产业升级转型，强化制造业对智能化、网络化、数字化的应用水平。国家发改委、工信部等 15 部委于 2020 年 7 月联合颁布了《关于进一步促进服务型制造发展的指导意见》要求，引导制造企业稳步提升数字化、网络化水平，加强新一代信息技术应用。2021 年出台的"十四五"规划成为此后五年乃至十五年数字化转型发展的行动纲领。2020 年 5 月，国家发改委等 17 个部门联合发起"数字化转型伙伴行动（2020）"，推行普惠性"上云用数赋智"服务，培育数字经济新业态。工信部将出台"两化融合'十四五'规划制造业数字化转型行动计划"，这也是我国对安全生产消费品原材料等重点领域数字化转型的总方针，力求搭建解决方案培育一批平台。国务院国资委组织实施国有企业数字化转型专项行动计划，突破关键核心技术，培育数字应用场景，打造行业转型样板。2021年6月，工业和信息化部、科技部等6个部门联合发布的《关于加快培育发展制造业优质企业的指导意见》明确实施智能制造工程、制造业数字化转型行动和5G应用创新行动。以上政策为我国制造企业的数字化创新指明了方向，即朝着智能制造与数字化制造的方向持续努力。

供给侧结构性改革是中国近些年的发展主线之一，供给侧结构性改革即通过实现要素（如土地、资本、劳动力等）的优化配置，从而提升经济增长的质量和数量。换句话说，制造企业数字化转型是大势所趋。企业通过数字化创新扩大有效供给、提升全要素的生产效率，以及提高供给端的市场响应能力（适应性、灵活性、敏捷性等），从而提高供给质量和效率，促进经济社会可持续且健康的发展。

4. 我国制造业数字化创新实践的必要性

大势所趋的数字化转型带动中国数字经济规模快速增长，近五年复合增长率达17.8%。数字化创新对于制造业转型升级具有重要意义。首先是外部环境的变化倒逼制造业的转型升级。在国家层面上，经济增速放缓迫使国家调整经济结构和提升经济发展质量，进一步寻找发展的新动能；数字经济于2017年正式写入党的十九大报告，在2018年的政府工作报告中体现了对传统产业升级的数字化驱动方向的高度重视。在行业层面上，行业竞争加剧使得企业期望应用数字化技术满足自身内生需求（降本增效），通过实现生产运营各个环节的高效协同而降低企业运营成本与提升企业运营效率。

其次是在企业层面上，数字经济规模快速提升，其占GDP的比重持续增加。企业只有与时俱进，才可不被时代抛弃。面向数字经济时代的不稳定性、不确定性、复杂性和模糊性等特性，使数字化创新的价值对制造企业显得格外重要。在帮助制造企业实现精益管理的同时，实现降本增效，保持制造成本优势。数字化创新驱动成本管理由传统模式向精益管理转变，推动企业建立成本信息库，搭建成本测算、分析模型，结合制造企业精细化成本核算和多维盈利分析等业务特点，实现研发、生产、采购、销售全价值链的端到端的全场景成本管理，实现精细化的全成本管控和分析。通过目标成本管理、标准成本管理、作业成本管理、成本预算预测等多角度管理测算实现管理的评价闭环。

除降低成本外，数字化创新也能带来企业能力和竞争力的提升。物联网的应用使制造企业在线数据大量丰富，对设备状态、故障频率等各类生产信息实时把握，为企业生产经营决策提供充分的可见性，为简化业务流程、及时发现生产过程中潜在问题、提高产品质量提供帮助。数字化创新过程中，企业通过数据基础的完善，建立数据中台实现数据集成，实现业务整合，打通企业生产、研发、销售、供应链等数据，驱动企业向智能制造、高端制造升级。

在国家政策支持背景下，制造企业数字化创新初见成效。数字化、网络化、智能化已在制造业中逐渐应用，并根据行业特征形成差异化发展方向，智慧课堂、无人驾驶、智慧能源、智能制造等新业态、新模式成为各自行业未来的发展主题。行业竞争表现出新的发展形态，一家企业的竞争对手不再只有传统工业企业的老牌竞争者。在数字时代，具备冒险精神的技术型新贵公司（如消费电子领域的小米、汽车行业的特斯拉等）和数字巨头企业（如腾讯、阿里巴巴等），正不断改进商业模式，利用各种数字技术优势，将数据视为差异化资源，把数据分析作为企业核心竞争力，突破传统工业的狭隘边界，成为制造业企业更强大的竞争对手。同时，在行业发展中，并非所有关系都是竞争和对抗，在全新的商业场景中，越来越多的关系将转变为和谐共生、合作共赢。而对制造业企业来说，要想掌握发展主动权，增强自身竞争力，就必须依靠数字化转型。

我国制造行业历经了由无到有，从小到大，从指数增长的增量时代，进入优化升级的存量时代。制造业同时也面临诸多新的发展挑战：资源要素价格上升、环保要求提高；市场竞争持续加剧，不仅要与传统制造企业抗衡，还面临新兴技术型企业和数字巨头企业的挑战；全球范围内制造强国仍具有高技术优势，国际产业呈现转移态势。无论在需求端还是供给端，国内制造企业的发展都面临一定的压力。面对行业增速放缓、内外部环境变化，叠加国家政策的鼓励与引导，数字化创新已经成为制造企业转型的迫切需求。

5. 制造企业的数字化转型缺乏统一的理论指导

在制造业转型升级中，应用数字化创新驱动，壮大新增长点、形成发展新动能成为行业共识。中国制造业的发展模式已经从"量变"向"质变"开始转型，只有通过数字化对经济的提升作用，企业才能适应多变的政策环境和市场环境，而制造企业也能够通过数字化创新战略实现高质量发展、实现转型升级、实现价值使命。

作为微观经济的重要组成部分，企业在发展和生产经营中受到越来越多的技术瓶颈的限制，为了更好地转型升级，企业有必要以战略视角看待数字化创新。因此，制造业企业普遍在企业战略规划中纳入数字化创新战略，这也使得学术界越来越关注数字化创新战略的研究。理论层面的研究不同于我国在实践层面的统一步调，即制造企业的数字化转型已经被中国政府视为常识性目标，数字化创新战略被看作实现制造企业高质量发展的重要战略手段，而目前学术界对于企业绩效与数字化创新战略的关系以及数字化创新战略驱动因素等研究领域尚未形成统一的学术观点，现有关于制造企业数字化转型的资源基础理论、利益相关者理论、制度理论是研究的主要方向；三种理论关注主体和关注重点有所不同。制度理论关注企业成长与发展的外部宏观环境，其中主流的制度理论观点认为强制型和规范型决定了企业发展质量和水平；利益相关者理论更关注在行业环境中，企业与行业中企业各主体的互动关系；而资源基础理论更关注企业内部资源的优化配置，尤其是与企业变革相关的异质性资源。学者们围绕相关基础理论开展了制造企业数字化创新的理论研究，可以归纳为以下两个方向。

一种理论研究方向可以被归纳为数字化创新战略的前置驱动影响，即数字化创新战略如何应用于制造企业？制造企业数字化创新战略受到哪些因素阻碍？宏观环境层面上，制造企业数字化创新战略离不开国家和政府顶层设计，新兴市场需要政策的规范和引导，更需要国家的激励和支持；行业环境层面上，消费者、竞争对手、供应商等与制造企业的发展息息相关，企业的数字化变革会受到行业其他主体的影响；微观环境层面上，企业采取数字化变革的最终目标是降本增效，提升竞争优势。因此，投入更合理、更少的资源获得更多的期望产出和降低成本，更能体现数字化创新战略对制造企业带来的质量提升。另一种观点则可以总结为数字化创新战略的影响结果，即研究数字化创新战略对企业的发展产生怎样的影响。受企业逐利趋向的影响，任何创新和变革都是为了帮助企业在行业中获得持续的获利能力。从短期效应视角来看，企业获利能力表现在企业的经济效益，即数字化转型为企业带来了多少经济增益；从长期视角来看，数字化创新战略在变革过程中为企业带来不仅仅是短期的经济利益，能够提供可持续动力和竞争力才是实现制造企业高质量发展的重中之重。

学术界的研究成果为本书的研究提供了借鉴，然而由于缺乏统一和完整的战略理论指导，本书无法对数字化创新战略的前因和后果进行完整的理解。学术领域在相关研究中关注数字化技术、IT基础设施、数字化创新方面的人力资源、数字化供应链等。许多研究认为，诸如物联网、数据中台等技术的应用，将给企业的生产效率、成本、创新绩效等方面带来更好的提升。这些学者的研究探讨了单一领域的战略驱动因素，而并未从整体视角明确制造企业数字化创新战略的机制，进而为企业建立明晰的战略指导和路线方针。为解决制造企业数字化转型缺乏理论指导的问题，亟待探索并识别出能够解释数字化创新战略本质的关键驱动要素，探讨数字化创新战略的驱动效应，以及创新战略对企业绩效的作用路径，这将是本研究的核心问题。

1.1.2　问题提出

数字经济在不同国家呈现差异化发展的态势，我国制造企业选择数字化创新战略受到哪些因素的影响？不同环境下制造企业面临的驱动因素有何异同？企业管理者在数字化创新战略选择中发挥着怎样的作用？数字化创新战略是否对企业提升创新绩效和经济绩效有推动作用？企业绩效受到数字化创新战略的影响路径具体是怎样的？

本研究在对以上问题进行思考时，吸收借鉴了前人的研究经验，采用定性与定量研究相结合的方法，进行制造企业数字化创新战略作用机理的理论探讨和实证研究，并提出了"关键驱动因素识别→理论模型构建→变量测量与问卷设计→实证分析"四个相互关联的议题，旨在探明制造企业数字化创新战略的驱动效应以及数字化创新战略对绩效的影响路径，为制造企业数字化创新实践提供理论支撑。具体包括以下 3 个核心问题的研究：

（1）探讨识别出影响制造企业数字化创新战略的关键驱动要素，揭示数字化创新战略、关键驱动因素、企业绩效三者之间的理论逻辑，从而帮助企业明确数字化创新战略中的关键管理问题。

（2）构建制造企业数字化创新战略的驱动效应模型，探讨内外部环境以及管理者支持是如何影响制造企业数字化创新战略的选择。

（3）探究数字化创新战略如何通过数字化能力和数字化形象对企业绩效形成影响？其传导机制和作用路径为何？并以创新绩效和经济绩效两个维度对企业绩效进行分类。

本书通过研究上述问题，掌握制造企业数字化创新战略的"前因"和"后果"，从理论层面理清制造企业数字化创新战略的实践过程，从而为企业选择和规划数字化创新战略提供有益的借鉴。

1.2 研究目的

本书希望通过探索数字化创新战略、创新战略的关键驱动因素、企业绩效三者之间的作用机理，具体达成以下 5 个目标：

（1）通过理论和文献研究，对与本研究相关的核心概念进行界定，包括数字化创新、数字化创新战略、数字化形象等，并梳理出目前学术界在数字化创新战略相关研究中的不足。

（2）通过质性分析，识别出制造企业数字化创新战略的关键驱动因素，进一步明确关键驱动因素、数字化创新战略以及企业绩效之间的影响机制与理论逻辑，尤其是管理者支持、数字化能力和数字化形象在数字化创新战略作用机理中发挥的特殊作用。

（3）在理论研究、扎根分析的基础上，构建制造企业数字化创新战略作用机理的理论模型，并进一步提出关键驱动因素、数字化创新战略与企业绩效的关系假设，管理者支持在关键驱动因素与数字化创新战略间的调节作用，在数字化创新战略与企业绩效间，数字化能力和数字化形象所能起到的中介作用，构建三者逻辑关系清晰的理论模型。

（4）结合理论模型、问卷调查、统计分析等方法归纳提炼出制造企业数字化创新战略作用机理各维度的测量题项，修正作用机理的测量，形成可操作的测量问卷。

（5）在理论模型和量表开发的基础之上，利用多种统计分析方法对理论模型和假设进行实证检验，并对结果进行分析与讨论。

基于此，本研究以制造企业为研究对象，挖掘数字化创新战略的关键驱动因素及作用机理的维度构成，构建制造企业数字化创新战略、关键驱动因素以及企业绩效的理论框架和模型，揭示管理者支持、数字化形象和数字化能力在数字化创新战略对企业绩效影响中的特殊作用，探寻制造企业实施数字化创新战略的政策建议与管理启示。

1.3　研究意义

1.3.1　理论意义

本研究旨在探索制造企业数字化创新战略的作用机理，通过定性和定量方法的结合，明确了数字化创新战略作用机理中核心维度的构成，构建了关键驱动因素、数字化创新战略和企业绩效三者作用机理的逻辑框架和理论模型，并开发了数字化创新战略作用机理的测量量表，进一步对构建的理论模型和相关假设进行了实证检验，对推动制造企业数字化创新战略决策与实施研究具有以下4个方面的理论意义：

第一，本研究通过对制造企业数字化创新战略作用机理的研究，丰富了战略管理理论在数字化创新领域的研究框架。以往对制造企业数字化创新的研究集中于传统信息化、数字化转型、智能制造等领域，而这些领域的研究多数以数字化技术为核心要素，关注组织具体业务流程方面。现有制造企业数字化创新的理论成果更聚焦于组织内部环境，而权变管理理论认为，企业的创新除了需要关注组织要素外，更需要关注环境要素对创新过程的影响。本研究以变革管理理论为核心，结合制度理论、利益相关者理论、资源基础理论和能力理论，研究了外部环境和内部环境通过何种机制，影响制造企业数字化创新战略，以及数字化创新战略对制造企业绩效的作用路径。从战略统筹的视角，探索了数字化创新对制造企业带来的长期效益，既弥补了制造企业数字化创新战略决策与规划方面的理论空白，又对企业数字化创新理论研究起到了推动作用。

第二，本研究对数字化创新战略影响因素的关键维度及相关特征进行了提炼，证实了关键因素对数字化创新战略的驱动效应，厘清了数字化创新战略的过程及特性。在识别制造企业数字化创新战略关键驱动因素过程中，基于扎根理论的编码分析，凝练出制度引导、市场压力、数字化资源和能力四个关键维度以及特征，例如制度引导除了包含制度的强制性和规范性外，还存在制度的激励属性。通过实证检验，证实了管理者对数字化创新的支持态度在关键因素与数字化创新战略的作用机理中起到了调节作用，进一步深化了制造企业数字化创新战略驱动效应框架。

第三，对数字化创新战略在制造企业中的应用进行了论证，使其理论价值得到提升。以往学术界主要对制造企业经济效益受数字化创新战略的影响进行了研究，而对数字化创新战略与创新绩效的关系则缺乏关注，本书从创新绩效和经济绩效两个维度对数字化创新战略实施效果进行了研究，发现制造企业创新绩效和经济绩效都能够通过应用数字化创新战略得到有效提升。该结论也对数字化创新战略的创新特点和经济特点从理论上进行了证实，无论是从长期的企业竞争优势为视角，还是以短期的企业降本增效为视角，数字化创新战略都是一种有效的路径。进而推动制造企业应用数字化创新战略的信心提升。

第四，对能力理论和资源基础理论的内涵进行了丰富，对企业绩效受数字化创新战略的"黑箱"作用提供了解释，以往学术界虽然对企业绩效与数字化创新战略之间的关系进行了研究，但并没有深入剖析其作用路径。本书以能力理论和资源基础理论为出发点，认为在企业绩效提升中，动态能力和异质性资源是重要因素，因此在制造企业绩效与数字化创新战略的研究中，引入数字化能力和数字化形象，研究结论表明，数字化能力和数字化形象具有内部资源使用价值，并且还具有杠杆资源的特性，能够撬动外部资源流入企业，帮助企业整合内外部资源。因此数字化形象和数字化能力在数字化创新战略与企业经济绩效和创新绩效的关系中发挥了完全中介作用。该结论明晰了企业绩效受数字化创新战略的作用路径，并且，也为数字化创新战略在制造企业应用中如何提升能力、积累资源，提供一定的参考。

1.3.2　实践意义

"十四五"以来，打造"制造强国"和"数字中国"已经成为我国经济社会高质量发展的长期战略目标，为制造企业数字化创新实践带来了新的机遇。加快制造企业数字化创新战略规划，是增强我国制造业核心竞争优势的重要保障，是把握经济社会发展方向和未来科技发展的必然要求，有效推动我国从"制造大国"成为"制造强国"，对我国数字经济的高质量发展和整体制造能力的稳步提升具有重要意义。本研究系统探索了制造企业数字化创新战略的关键驱动因素，以及企业绩效和数字化创新战略、关键因素间的作用，帮助学术界和实务界进一步认清数字化创新战略实施的影响和作用，对于制造企业的数字化创新实践具有以下三个方面的启示：

首先，研究有助于制造企业更全面地理解数字化创新战略对数字化创新实践的作用。本研究揭示了关键因素、数字化创新战略和企业绩效之间的影响机理。从宏观方面来看，从战略视角理解制造企业数字化创新积极响应了我国"制造强国"和"数字中国"的宏观战略目标，在战略实践过程中，能够精准地把握政策方向和市场机遇，抢占制造业数字化创新的先机，获得更多的外部支持。从微观方面来看，以企业经济和创新绩效为目标的数字化创新战略更加符合制造企业发展价值观，能够帮助企业解决现有的高成本、设备和技术约束等实际问题，尤其在目前瞬息万变、竞争激烈的市场环境中，数字化创新战略对于制造企业保持竞争优势具有重要的现实意义。

其次，本研究通过探索管理者支持在关键因素与数字化创新战略机理中的调节作用，有助于制造企业厘清管理者影响数字化创新战略实施的路径，帮助管理者在数字化创新战略的实施过程中，合理利用内外环境资源。本研究揭示了管理者支持在关键因素与数字化创新战略驱动效应中存在有效的调节路径，为制造企业通过管理者来把握政策方向、识别政策红利、整合内部优势资源等方面，进而为选择和实施数字化创新战略提供思路，也使得制造企业能够通过管理者对内外部资源进行有效利用，从此方面看，本研究实践意义重大。

最后，本研究认为，在企业绩效与数字化创新战略中，数字化能力和数字化形象能够起到过渡与传导的作用，这也能够帮助制造企业提升创新绩效和经济绩效并获得一定的路径指引。良好绩效表现是企业战略管理的目标，而由于战略实施过程中环境的复杂性和不确定性，能否通过有效路径来提升企业经济和创新效益，是制造企业数字化创新战略的核心部分。本研究发现在数字化创新战略促进企业绩效方面，对于经济绩效的追求要大于创新绩效；其次，数字化创新战略对企业绩效的作用是通过数字化形象和数字化能力传导的。这些发现既明晰了数字化创新战略对企业绩效的差异化表现，又提供了二者的具体作用路径，为制造企业数字化创新战略提升绩效的实践提供了新思路。

1.4　研究内容与结构框架

1.4.1　研究内容

通过研究数字化创新战略，能够更为深层次地理解其影响机制，也能帮助我国制造企业顺应数字经济时代背景，更好规划与决策适合自身的数字化创新战略模式。本研究基于"提出问题—分析问题—解决问题"的思路，对制造企业数字化创新战略相关研究成果进行了梳理，探究了制造企业数字化创新战略的作用机理，具体研究内容如下：

首先，提出问题。包括本书的第1章和第2章。在梳理分析制造企业数字化创新战略现有学术成果的基础上，对我国制造企业数字化转型发展趋势、面临的挑战、制造企业数字化创新等问题进行分析，从该领域研究背景中提出数字化创新战略对制造企业转型阶段的重要性。研究和界定了制造企业创新战略的内涵，对制造企业实施数字化创新过程中的具体问题进行了分析研究，也即制造企业数字化创新战略作用机理，并基于此，通过对变革管理理论、资源基础理论、制度理论、变革管理理论、利益相关者理论、能力理论与制造企业数字化创新战略的关系进行研究，并以数字化创新战略为核心，界定了资源和能力、政策环境、市场环境等与绩效的关系，对本书理论基础进行梳理。

其次，分析问题。在本书第3～第6章中，运用扎根理论，对影响制造企业数字化创新战略关键因素进行识别，识别出外部环境和内部环境的关键驱动因素。分别从驱动效应和绩效关系两个方面提出了制造企业数字化创新战略的相关假设，建立了各类关键驱动因素对数字化创新战略的驱动效应模型，分别分析了政策引导、市场压力、数字化资源和能力、管理者支持对制造企业数字化创新战略的驱动效应。在梳理汇总各类关键驱动因素对制造企业数字化创新战略作用的基础之上，构建了数字化创新战略与绩效关系的理论模型，对制造企业数字化创新战略对企业的经济绩效和创新绩效的模型进行验证，以及数字化形象和数字化能力在二者关系中的作用，并深入探讨其实证结果。

最后，对策建议。在本书第 7 章中，根据前文所研究数字化创新战略作用机理的结论，从宏观政策和企业两个层面研究探讨制造企业数字化创新战略的决策与规划，提出了合理化战略的举措和建议，使制造企业与政府部门为实施科学合理的战略决策提供参考，也为制造企业数字化创新提供战略依据和理论基础。

1.4.2 结构框架

本书结构框架如图 1 - 1 所示。

本书共包含 7 章，具体章节安排如下：

第 1 章：绪论。以制造业企业数字化创新战略作用机理为研究对象，明确本书在实践和理论上具有的重要意义，并基于研究目的和研究问题，对研究内容、研究思路、研究方法与创新点进行阐释。

第 2 章：理论基础与文献综述。本部分以能力理论、资源基础理论、利益相关者理论、制度理论、变革管理理论作为研究的基础理论，并以此回顾了学术界在企业数字化创新战略作用机理方面的学术成果，并进行评述。首先，对数字化创新以及战略特征内涵结合已有文献进行梳理，进而阐述了制造企业数字化创新战略的影响因素和影响结果进行了综述，发现了现有研究的不足，确立了本书的研究方向。

第 3 章：制造企业数字化创新战略的关键驱动因素识别。以探索性研究的方式，分析了制造企业数字化创新战略关键驱动因素。首先，对本书所应用的扎根理论方法进行阐述，并阐明了本书资料收集过程和访谈对象选择。其次，梳理了访谈资料分析过程和具体编码。最后，根据资料编码结果阐述了包括制造企业数字化创新战略的构成、关键驱动因素、结果因素，以及管理者支持、数字化能力和数字化形象与数字化创新战略的影响逻辑及机制。

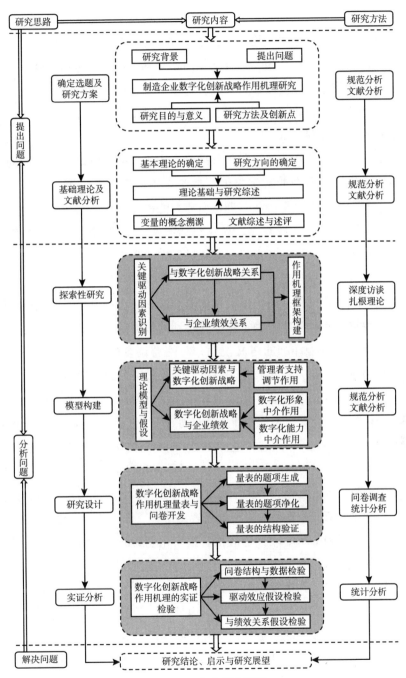

图1-1　本书研究框架

第 4 章：关键驱动因素、数字化创新战略及企业绩效的理论模型与假设推演。本部分主要是构建制造企业数字化创新战略作用机理的理论模型。根据扎根分析结果，结合文献回顾和基础理论，对制造企业数字化创新战略作用机理模型进行构建，包括数字化创新战略驱动效应，数字化创新战略与企业绩效关系两部分，并对理论模型进行了演绎推理，提出相关的研究假设。

第 5 章：制造企业数字化创新战略作用机理的研究设计。本章的主要内容是设计制造企业数字化创新战略作用机理模型的测量量表和问卷，首先，对数据收集方法和理论研究方法进行阐述；其次，对确定变量、测量题项过程进行阐述，具体包括：确定测量题项和确定维度划分，并对测量题项运用扎根研究结果进行完善和修正。再次，交代了数据收集过程，具体包括：确定调查对象、发放与回收问卷。最后，确定制造企业数字化创新战略作用机理的测量量表。在对理论模型进行检验之前需要进行数据收集。为了保证收集到的数据具有高度的可靠性，本章节对变量进行了详细的定义说明，对问卷调查的量表和过程进行设计，并通过预调研方式对调查问卷进行修正最终形成科学的问卷。

第 6 章：制造企业数字化创新战略作用机理的实证分析。本章主要内容是检验制造企业数字化创新战略驱动效应以及企业绩效与数字化创新战略的关系，并对其作用路径进行探究。内容具体如下：首先，对样本运用描述性统计法进行初步分析。其次，对量表和问卷的有效性，通过信度和效度检验法进行检验。再次，通过 Pearson 相关分析和多层逐步回归分析对数字化创新战略驱动效应和管理者支持调节作用的实证分析。最后，通过回归分析和 Bootstrap 抽样法检验数字化创新战略与绩效关系以及数字化形象和能力的中介作用的实证分析，并对检验结果进行讨论。

第 7 章：结论与展望。依据作用机理和决策分析，提出了提升制造企业数字化创新的建议与政策。对国内外数字化创新经验与模式进行借鉴，对数字化创新战略、驱动因素和绩效等的研究结论和实证结果进行分析，分别从政府和企业两个视角提出促进制造企业数字化创新的战略建议。

1.5　研究方法

定性和定量方法是本书主要应用的研究方法，例如深度访谈、文献分析、扎根理论、问卷调查、统计分析等方法对研究问题进行分析。

（1）文献分析法。本研究对制造企业数字化创新战略的相关文献进行搜集、阅读、整理和分析。具体通过具有影响力和权威性的数据库（SPIS、Web of Science、EBSCO、Springer、Science Direct 等外文数据库和中国知网、万方数据库）根据关键词（如数字化转型、数字化创新战略、制造企业等）进行检索，并通过期刊标准实施筛选，实现对国内外相关高质量文献的全覆盖，梳理了学术界对制造企业数字化创新及战略的研究，并不断跟踪最新学术成果，为开展关键驱动因素识别和理论模型构建打下文献基础。

（2）深度访谈法。通过深度访谈的方法，基于文献分析，对话制造企业员工及企业管理层，收集了丰富的资料，使得本书在研究中能够更深入掌握制造企业数字化创新战略的概念内涵，并通过所获取的资料分析，提取出有关制造企业数字化创新战略的维度特征，对制造企业数字化创新战略作用机理测量量表进行构建和修正。通过进一步的访谈资料分析，更全面深入地了解制造企业数字化创新战略驱动效应以及数字化创新战略对企业绩效的作用机制。

（3）扎根理论方法。通过扎根理论深入挖掘丰富的资讯资料，梳理出驱动制造企业数字化创新战略关键因素的具体特征、作用机制，对研究问题的理论框架和逻辑框架进行明晰，在本书研究中扎根理论主要用于探索制造企业数字化创新战略关键驱动因素及其特征，以及数字化创新战略对企业经济绩效和创新绩效的影响机制。

（4）问卷调查法。本研究采用了问卷调查法开展数字化创新战略机理研究的数据收集。在数据收集前，通过归纳和整理理论基础、相关文献和企业的第一手资料，初步形成问卷，并向企业和专家咨询反馈意见后，对问卷进行修正，并通过小范围调研的方式，对问卷内容与结构进行优化调整，保障正式调研问卷的可靠性。

（5）统计分析方法。通过实证的方式，对问卷调查数据进行分析，运用 AMOS、Excel、Origin、SPSS 等软件进行了数据和样本的检验与分析，主要包括频率统计分析、描述性统计分析、信度和效度检验、主成分分析、Pearson 相关分析等。而调节作用的检验运用了多元层级回归分析，有效防止了自变量、调节变量易与其交互项产生共线性的问题；中介作用的检验则是运用了 Bootsrap 检验重复抽样，防止出现无法检测位置数据的缺陷，使得作用机理研究结论的稳定性得到进一步的增强。

1.6 主要创新点

与学术界以往研究方向不同，本书在研究中分析了制造企业数字化创新战略实施潜力，构建了制造企业数字化创新战略驱动效应以及其与企业绩效关系的系统性理论分析框架，并将数字化创新战略的关键驱动因素与企业绩效联系起来，丰富了战略管理在数字化创新领域的理论基础。本书的创新之处可概括为以下 3 个层面：

（1）从战略管理理论视角构建了制造企业数字化创新战略作用机理的系统性分析框架。关于制造企业数字化的影响因素研究，大多是针对数字化战略、数字化转型、智能化转型等的驱动因素，从战略管理视角分析数字化创新的驱动因素的研究较少，本研究通过深度访谈和扎根分析，针对数字化创新战略的驱动效应和数字化创新如何影响企业绩效表现的两个问题进行整合研究，构建了制造企业数字化创新战略作用机理的系统性分析框架。除了识别出驱动制造企业数字化创新战略的四个关键维度以及维度特征外，管理者作为企业的核心和领导者，他们对数字化的态度在很大程度上决定了企业战略的选择。基于资源基础理论和能力理论，研究具体剖析了数字化形象和能力与数字化创新战略动态循环关系，以及数字化创新战略对企业绩效影响的具体理论逻辑。

（2）基于变革管理理论，对数字化创新战略驱动机制从内部与外部环境整合的角度进行了研究。以往学术界的研究视角较为单一，或基于内部或基于外部，而有机整合内外部的研究成果较少。企业需要综合考虑外部环境和内部环境方能作出选择与决策。一方面，企业战略选择的方向受到外部宏观环境的决定性影响，特别是市场环境和政策环境；另一方面，企业数字化创新战略实施顺利与否，又受到内部组织能力、数字化资源等要素的决定性影响。因而，在统一模型中纳入内部环境与外部环境综合进行考量与分析，有利于更加清晰完整地认识企业数字化创新战略驱动机制，同时，从与数字化相关的高管特质出发，考察管理者支持的全面作用，更能全面理解内外环境与数字化创新战略的机理和作用条件。

（3）基于能力理论和资源基础理论，分析研究了企业绩效受数字化创新战略的作用路径，使得两者之间长期存在的"黑箱"得以揭示，数字化创新战略对企业创新绩效和企业经济绩效有着明显的作用影响。以往学术界在对数字化创新战略实施进行研究时，认为企业绩效的提升是自然产出的结果，未对两者之间存在的作用关系开展深入研究。基于能力理论和资源基础理论，对数字化能力和数字化形象从能力获取和独特资源为视角，探析两者在数字化创新战略中如何影响制造企业绩效，对两者作用路径能够进行揭示，使我国制造企业培育数字化能力、树立数字化形象得到一定的参考。

第 2 章

理论基础与文献综述

　　根据前一章确立的制造企业数字化创新战略作用机理的选题，本章在明确研究理论基础之后，从研究成果角度对制造企业数字化创新战略及相关的运行机制展开综述，主要涉及诠释定义以及对迄今为止已发表的研究成果展开全面梳理和述评。在此基础上，挖掘出现阶段在制造企业数字化创新战略及相关的运行机制研究过程中所暴露出的不足之处及理论盲点，从而为此次研究指明方向。本章内容主要涉及：（1）理论基础；（2）数字化创新的相关概念界定以及辨析；（3）数字化创新战略的概念、内涵与特征；（4）制造企业数字化创新战略的前置因素以及影响结果的研究梳理；（5）已有研究述评、本研究的方向。

2.1　理　论　基　础

2.1.1　权变管理理论

　　权变原则和方法在管理实践中的应用可以追溯到很远，但是系统的管理学的权变学说始于20世纪60年代。西方学者采用科学的方法对权变原则和方法进行研究，最终将其整合成一个管理学方向的思想体系。权变管理理论形成体系形成于70年代多位美国管理学家的精诚合作，以卢桑斯等（Luthans et al.，1976）学者为代表，在总结前人的研究成果基础上，进一步规范、汇总权变观点和思想的分支，由此增强其系统性，进一步搭建较为独立的权变管理理论框架。

权变理论最基本的观点是开放的组织系统，其对重点的强调比一般的系统理论更加突出，换言之，主要侧重于分析子系统之间的相互关系以及各自的具体特征。在子系统、组织环境以及组织之间，权变理论设想应保持一致性，管理的目的在于最大限度地维持以上三者之间的一致性。基于上述情形不难看出，能否按照实际环境和内外条件的变化随时灵活调整管理策略是管理的关键所在。换言之，管理模式和方法不是一成不变的，也没有最优策略。基于权变理论基本观点，卢桑斯[19]在其发表的研究成果中提出了概念模型。在该模型中主要涉及环境变量、管理变量和二者的权变关系。卢桑斯定义环境变量和管理变量之间的权变关系为"IF – THEN"，即环境变量（IF），管理变量（THEN）。通过函数关系可以理解为权变理论的核心思想是：以环境为自变量，以管理为因变量的函数关系。具体而言，权变管理理论认为组织内外的环境因素决定了组织管理活动。因此，在对组织实施管理方法和措施时，应按照实际所处的环境变化做到随机应变。除了应用于传统理论的视角以外，刘继国[20]在其发表的研究成果中指出，权变理论还可以应用于组织的管理变革中，尤其是解释企业战略的驱动因素，揭示企业战略的形成机理。

权变理论广泛应用于战略管理、组织理论、组织行为学等企业管理中。其中，权变理论在战略管理领域的应用主要体现在分析长远规划（例如企业愿景、目标、计划和战略等）所产生效果以及形成机理方面。作为权变管理思想的先行者，霍弗（Hofer）[21]是权变管理思想的先行者，他是最早将权变思想应用于战略管理的学者之一，将环境、组织特征、组织资源作为影响企业战略制定的重要因素，他认为广义的环境、供应商、产业结构、竞争者、市场和消费者是环境因素的重要维度。

金斯伯格和文卡塔拉曼（Ginsberg and Venkatraman）[22]提出了"two-level scheme"，用来丰富战略管理中权变理论的应用。一方面，扩展了权变理论在战略管理领域应用的边界，将企业组织变量、环境变量、企业绩效表现都引入研究范畴，这主要是由于企业绩效的好坏会在很大程度上对战略决策带来持续的改变。此外，从执行视角来看企业战略与组织变量的关系，企业战略的决策在很大程度上反映了企业流程和激励机制、管理系统、资源和能力、组织结构等全方位的改变，与此同时对组织特征也发挥了重要的决定作用，组织特征必须遵循战略执行的指导；除此之外，企业战略是由环境变量、组织变量以及企业绩效共同决定的，因此企业战略在权变理论视角也属于内生变量。权变理论的战略制定与实施，以企业战略为内生变量，阐释了战略管理中 4 种权变机制，如图 2 - 1 所示：影响企业战略的外部环境变量（①）、内部组织变量（②）；影响战略制定的企业绩效表现（③）；影响组织环境的企业战略（④）。以上都属于战略管理权变研究的核心范畴。可以看出"two-level scheme"为权变理论在战略管理领域的研究奠定了理论和方法基础。

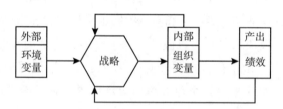

图 2 - 1　权变理论在战略管理中的应用

在金斯伯格和文卡塔拉曼（Ginsberg and Venkatraman）对权变理论在战略管理领域的延伸后，莫兰和布赖特曼（Moran and Brightman）[23]将变革管理理论定义为：不断更新组织的方向、结构和能力，以服务于外部和内部客户不断变化的需求的过程。根据伯恩斯（Burnes）[24]的说法，变化是组织发展中一个永远存在的特征，无论是在运营还是战略层面。因此，毫无疑问，任何组织都有能力确定它在未来需要达到的目标，以及如何管理达到目标所需的变化。因此，组织变革不能与组织战略分开，反之亦然[25]。由于组织变革的重要性，战略管理正成为一种高度需要的管理技能。格拉兹（Graetz）[26]甚至认为：在日益全球化、放松管制、快速的技术创新、不断增长的知识劳动力以及不断变化的社会和人口趋势的背景下，组织管理的主要任务是领导组织变革。

由于变革的需求往往是不可预测的，所以它往往是被动的、不连续的、临时的，而且往往是由组织危机的情况引发的[27]。尽管成功的变革管理被认为是在当今高度竞争和不断发展的环境中生存和成功的必要条件[28]，但邓普西等（Dempsey et al.）[29]报告说，在所有启动的变革计划中，失败率约为70%。主要原因是在如何实施和管理组织变革方面，根本上缺乏一个有效的框架。尽管很难就组织变革管理的框架达成任何共识，但在两个重要问题上似乎是一致的。首先，学者们一致认为，在当前的商业环境中，变革的速度从未如此之快[24,28]。其次，学者们一致认为，变革是由内部或外部因素引发的[24,29]。

总之，企业战略的规划离不开外部环境和内部环境的共同约束。因此，权变理论是任何战略理论的起源[21,22]。

2.1.2　制度管理理论

基于典型的跨学科属性，制度理论经常在组织社会学、经济学、政治学等范围内进行理论丰富和扩展。在转型经济、经济史和经济发展方面的工作强调了制度的重要性和复杂性。

最常被引用的定义是道格拉斯·诺斯（Douglass C. North）提出的：作为整个社会正常运行所不可或缺的行为规则，制度更加是促成人类互动的人类设计的约束。诺斯（North）[30]提出了组织（如公司、大学或政党）和机构之间的"关键区别"。为了分析整体的社会变化，诺斯将组织视为已解决集体行动和机构问题的实体，以便从其内部治理和决策过程中抽象出来，并将其视为单一的行动者。因此，诺斯认为组织是社会行为中的主要参与主体，当组织追求自身目标时，他们充当了制度变革的代理人。然而，许多其他学者研究了组织内部机构治理的正式和非正式机制。

迪马吉奥和鲍威尔（Dimaggio and Powell）[31]在其发表的研究成果中将制度理论按照新旧进一步分为旧制度、新制度主义。其中，前者的侧重点及核心议题在于非正式结构和作用力及其相关竞争价值观、影响、同盟；而后者的侧重点在于正式结构的作用，其核心议题集中在合法性、认知的惯例性、组织的嵌入性、组织的持续动态性。对于新制度主义理论而言，其形成建立在以上两种制度主义研究关注焦点的碰撞与研究主题的融合基础之上。

在新制度主义发展中，迪马吉奥和鲍威尔[32]对新制度理论的发展具有较强的推动作用。他们对组织间网络位置及关系、相互依赖性、组织内运营机制更为重视，围绕组织场域的差异性、组织间关系进行阐释，由此衍生出了组织同构。他们在发表的研究成果中指出，强制、模仿、规范这三种同构机制能够对组织同构产生影响。其中，前者主要指正式的制度和管制文件，通常由政府颁布，强制组织接受；中者指组织场域中同层面的组织会互相影响，从而产生相似的行为；后者指社会规范的约束作用。

基于对以往制度主义理论研究的总结、整理，斯科特（Scott）[33]针对制度扩散机制的划分展开了深入分析，他在发表的研究成果中介绍了制度的三大支柱要素（规制、规范、文化—认知要素），并针对以上要素对合法性的支撑作用进行了详细阐释。三种要素各有侧重点，其中规制性要素主要通过外显性规制支持合法性机制，侧重于强制性和制裁性较强的法律、法规等；规范性要素一般由具有较强权威性的司法机构牵头，制定出明确、合理的标准和程序，例如社会中的规范制度，旨在借助社会约束性期待主动承担责任；文化—认知性要素基于在社会上广泛认同的文化支持合法机制，是思维层面的对事物的自然反应，既体现了公众共同行为的逻辑和信念，也反映了公众对外部环境的理解。以上研究成果能够合理解释制度多维度变化的原因，且有利于对企业战略与制度的灵活调适提供指导。

迈耶（Meyer）[34]最早研究了制度理论与企业战略两者之间的关系，并将其作为研究成果发表出来。在经济转型背景下，基于对制度与组织之间相互影响的关注，构建了企业增长战略模型[35]。彭（Peng）[36]认为制度能够在一定程度上对企业战略和绩效产生影响，并因此提出基于制度的战略观。该学者的研究并未因此止步，而是在后续研究过程中针对转型经济体制下资源基础观、产业基础观的不足之处以及局限性进行了整合，彭[37]在此基础上构建了企业战略选择的一般模型，并指出企业战略实现向市场中心的过渡主要是基于契约结构的变化与波动，这也是该学者将企业战略的选择归结为以上两种交易机制互相影响、博弈的原因所在。

通过以上论述不难看出，制度与组织间的博弈指明了企业做出战略选择的方向。简言之，除了产业状况和资源情况的影响[38]以外，企业作出战略决策还会在一定程度上受到正式和非正式制度的影响[39]。将制度理论引入研究模型，一方面梳理清楚了制度与战略选择的关系，另一方面也明确了制度对绩效的影响差异。同时也为数字经济背景下世界各国不同企业战略选择拓宽了思路与方法。

2.1.3 利益相关者理论

利益相关者理论提出了一个极具争议性的问题：一个商业企业应该符合谁的利益？这个争论的起源可以追溯到20世纪30年代哈佛大学法学教授 E. Merrick Dodd 和管理理论专家 Adolf Berle。Berle 强调股东权利的首要地位。Dodd 则认为企业无论是在财务上还是其他方面，对相关的团队和个人都应负有更广泛的责任。在当代世界，战略利益相关者的沟通已经成为企业声誉的关键作用力。因此，利益相关者理论是企业提升组织形象（公众的信任）需要关注的重点。

1963 年，"利益相关者"这一概念出现在了斯坦福研究所的内部备忘录中，给出的定义是"那些没有该组织的支持将不复存在的团体"。因此，利益相关者理论由最初概念化延伸到诸如股东、员工、客户、供应商、投资人和社会群体，旨在扩大股东是企业唯一需要做出回应的群体的概念。

弗里曼（Freeman）[40]从战略管理视角引入了新定义：利益相关者是指任何能够影响或被影响公司目标成就的群体和个人。这一定义极大地扩大了利益相关者理论的适用性，也带动了大量有关利益相关者理论的学术和实践成果。Mitchell 等[41]总结了在过去 40 年里出现有关利益相关者理论的文献不少于 27 篇。一些作者将这概念扩展到非人类实体，如技术、环境。唐纳森和普雷斯顿（Donaldson and Preston）[42]确定了三种截然不同的利益相关者理论，"描述性利益相关者理论"试图描述并解释公司和利益相关者行为的各个方面。"工具性利益相关者理论"涉及某些利益相关者管理实践与盈利能力和增长等传统企业目标实现之间的潜在联系。"规范利益相关者理论"侧重于企业经营和管理的道德准则。

战略管理的主要因变量是经济绩效，表现为资产回报等变量。它强调发展竞争优势，以提高经济效益为目标。因此，为了在战略管理领域获得广泛的应用，利益相关者理论需要证明其在经济方面的观点[43]。波斯特等（Post et al.）[44]认为互惠互利的利益相关者关系可以提高公司创造财富的能力，相反，就会限制未来创造财富的能力；希尔和琼斯（Hill and Jones）[45]将代理理论从股东扩展到利益相关者，激励管理者以有效的方式聚集利益相关者，以实现财务目标；潘切娃（Puncheva）[46]认为优秀的声誉在市场上对潜在的商业伙伴、员工和客户更有吸引力；哈里森等（Harrison et al.）[47]认为利益相关者更有可能揭示有价值的信息，从而带来更高的效率和创新。学者们的研究可以支持这一观点，即企业组织能够服务多个利益相关者的利益，追求更高的财务绩效[48]、声誉[49]和组织绩效[50]。

利益相关者理论逐渐从概念化演变为后续一系列的扩展过程。除了要为股东创造更大的经济价值以外，企业还应当综合考量客户、员工、供应商、投资人、社会公众和群体组织等利益相关者，合理分配利益所有权[51]。尤其是战略管理与利益相关者理论的结合研究，企业绩效的趋利导向，会使企业在战略实施过程中受到来自利益相关者各方面的环境压力。

从企业绩效方面来看，在关注企业经济绩效的同时，还应该关注企业在数字化创新过程中的组织形象的提升，这是因为利益相关者理论包括经济和社会两方面的作用。从规范利益相关者理论视角分析，企业在数字化战略决策中侧重于关注企业文化、企业声誉和社会责任等。在数字化创新过程中，企业形象是战略决策中利益相关者驱动的绩效表现。因此，在制造企业数字化创新过程中，创新战略中以利益相关者为导向的研究既要关注经济绩效，更要关注企业的社会形象，即企业的数字化形象。

2.1.4　能力理论

伴随资源基础理论的发展，企业能力理论是在这一过程中应运而生的企业战略管理理论，在 20 世纪 80 年代在战略管理中占据了主流地位。其中普拉哈拉德和哈默尔（Prahalad and Hanmel）在 1990 年提出的核心能力理论，以及蒂斯（Teece）在 1997 年提出的动态能力理论是现代企业能力理论的核心。

普拉哈拉德和哈默尔[52]认为企业的本质是各种不同能力的集合，在企业在持续经营发展过程中，也伴随着知识的累积，尤其是各种生产要素、技能和整合这些要素和技能的默会知识，逐渐形成了企业的核心能力。由此可以看出，企业的核心能力是在不断积累中提升的，企业核心能力的存量和积累速度决定了企业的发展边界，也决定了企业战略的选择和实施。从定义来看，核心能力是企业持续竞争优势的源泉。企业核心能力的基本假设同样来自资源基础理论，因此，核心能力也具有可持续性、不可复制性、稀缺性和不可替代性。

蒂斯[53]认为企业容易产生路径依赖，容易陷入"核心刚性"的陷阱，这样核心能力会成为企业创新和发展的阻力。蒂斯从动态化视角来解决路径依赖陷阱。将动态能力定义为能够重组、创新构建和重新配置企业普遍能力，从而适应市场环境的不断变化。从定义可以看出，动态能力的两个特点：（1）管理企业能力；（2）动态性，主要体现在随着外部环境的变化，对企业能力进行改变。总之，动态能力决定了企业各种能力变化的方向和速度。

格兰特（Grant）[54]认为企业的资源和能力存在着紧密的联系，二者是企业战略制定与实施所需要考虑的核心要素。格兰特基于上述观点，认为企业的战略制定与实施本质是资源、能力、竞争优势和企业绩效之间的关系。这就说明企业对异质性资源的利用程度，决定了战略制定与实施为企业绩效和竞争优势带来的差异化程度。

2.1.5　资源基础理论

毫不夸张地讲，企业资源管理理论在过去的几十年当中，无论是在管理学、经济学领域，还是在包含组织理论的其他领域都实现了较大突破并取得了突出的成果。该理论最早出现在沃纳菲尔特（Wernerfelt）[55]所发表的研究成果中，作者将其核心诠释为：企业之所以能够取得成功，很大一部分原因都是基于其所拥有和控制的资源。一般情况下，专家学者将资源解释为资产或能力。其中，资产是企业拥有和控制的有形、无形之物[56]。能力则是在实践过程中，经过一系列组织管理锻炼所获得的知识与技能[57]。正是基于其具有的特殊性，企业资源在巴尼（Barney）[58]看来，才成为获得卓越企业绩效以及可持续竞争优势的重要因素。也就是说，只有不可替代的、有价值、稀有的、独特的资源才是有用的资源，才能在激烈的行业竞争以及复杂多变的内外环境中造就、维持企业的竞争优势，从而产生卓越的绩效。

霍尔（Hall）[59]提供了一种方法来确定无形资源的分类。认为无形资源本质上可以分为两类：资产和能力（技能）。如果无形资源是企业本身实际拥有的东西，那么它就是一种资产。如果无形资源是企业"做"的事情，那么就是一种能力。随后，不少学者对无形资源的分类进行更详细的研究，目前无形资产包括知识产权资产[60]、组织资产[61]和声誉资产[62]，还有部分学者认为无形资源是包括能力在内的技能[63,64]。以 Hall 为代表的学者的成果已经被学术界广泛应用，在此基础上部分学者开展了更深层次的研究，扩展资源基础理论的应用范围。

史密斯等（Smith et al.）[65]论证了组织学习是一种重要的组织能力，应该被视为一种战略资源。目前对基于资源的理论的阐述受到静态视角的限制，其结果是，尽管"战略资源"的定义足够宽泛，足以包括组织学习，但它们未能纳入组织学习的动态。然后，学者提供了一个增强的基于资源的模型，该模型明确允许通过资源交互和时间滞后的资源效应来学习动态。最后，通过提供 IT 资源如何促进竞争优势的示例，我们已经证明了组织学习的动态如何从一个共同的资源中产生持续的竞争优势。

阿尔瓦雷斯和布森尼茨（Alvarez and Busenitz）[66]针对企业家精神和资源基础理论之间的关系展开了探讨，并针对后者的边界进行了论述，开始解决企业家精神中的重要问题，主要是企业家的认知能力。基于其个人特有的资源，企业家一般能够接触到、认识到新的机会。并在此基础上，通过对资源的关注与重视，将其组织成公司的能力，从而有助于公司创造优于市场的异质产出。阿尔瓦雷斯和布森尼茨从两个重要的方面进一步展开了研究，以更好地阐明企业家的创新精神，使用组织资源理论来展示创新精神通常如何涉及管理者对机会的独特意识、获取利用机会所需资源的能力，以及将同质资源输入重新组合为异构输出的组织能力。通过分析这些不同方面的企业家作为独特的资源，应该促进更好的理论发展。

尽管实证研究正在迅速增长，但大多数研究只集中于行业中的少数资源，即无形资源。但是，安德森和基姆（Andersen and Kheam）认为扩大资源的范围，超出那些无形资源更有利于资源基础理论的研究。福斯（Foss）声称实物资产—有形资源能够源源不断地为企业创造出竞争优势。基于上述情形，在研究资源基础理论方面，应当涵盖企业成功与有形、无形资源间的关系，有助于更准确地检验资源基础理论的本质，并更适当地理清竞争优势的起源。

制造企业数字化创新与资源基础理论间的关系。企业核心的资源和能力正随着数字化技术的进步与升级而不断发生变化。尤其是对于制造企业，劳动密集、技术和设备依赖性高，对数字化创新的需求更高。根据文献综述可知，制造企业为了获得可持续的竞争优势，通过数字化创新不断提升自身的核心竞争力。其中，无论是有形资源（数据相关设备、数字化技术相关设备、人力资源等），还是无形资源（数据、数字化技术）在制造企业数字化创新过程中体现出了资源的异质性，逐步成为制造企业的核心资源。

当然，除了资源的异质性体现，制造企业数字化创新过程中的管理者和数字化形象也值得格外关注。根据资源基础理论，管理者对于数字化技术的理解和认知，会影响到企业对外部环境的机会识别，以获取数字化创新需要的特殊资源。管理者对数字化创新的态度会对组织资源产生影响，进而影响企业数字化创新的目标和战略方针的制定，而不仅仅是作为组织资源的单一功能。组织对于数字化创新过程中学习的能力是动态的，组织以及员工通过不断地对数字化知识的学习以及对技术的应用和理解，知识的不断积累致使企业的数字化能力动态提升，进而形成企业的数字化竞争优势。可见，管理者对数字化的态度和企业的数字化学习均是在制造企业数字化创新过程中的中间驱动力，既可以通过异质性对企业之间发生作用，也可以对其他资源和能力产生促进作用。

2.2　概念界定

2.2.1　数字化创新的概念与内涵

数字化创新现象已经吸引了学者和从业者的注意，涉及经济学[67]、战略管理[68]、营销管理[69]等多个学科。数字技术的无处不在不仅改变了企业制定战略和组织创新的方式，而且还通过"数字和物理组件的新组合"来生产新产品，改变了创新本身的性质[70]。然而，数字化创新代表了一种重要的新兴现象，与我们传统上研究的信息系统有根本的不同。虽然数字化创新有跨学科的共识，但概念上的模糊性仍然存在。现有研究将数字化与大量的现有概念联系在一起，众多知名学者认为数字技术的普遍性从根本上挑战了关于创新[71]、战略[72]和行为[73]的现有假设。

1. 技术视角下的数字化创新

许多关于数字化创新的讨论和定义都集中在数字技术上，并指出数字化创新的变革力量。南比桑等（Nambisan et al.）[74]提出，数字化创新是在创新过程中对数字技术的使用，并指出，由此产生的数字化创新从根本上改变了服务和产品的创造和结构方式，使创造价值和占有的新方式成为可能。吴尔施等（Wuersch et al.）[75]称数字化创新是一种社会技术现象，并将其概念化为：因使用数字技术而产生的市场产品、业务流程或模式的创造。这一推理反映出，创新的结果和过程的界限较小，数字化创新提供了一个新的流动性水平，例如，新产品或服务不断地被重新界定[76]。

莱蒂宁等（Lyytinen et al.）[77]认为创新机构更加分散，包括异质的行为者，他们不一定在一个组织的控制之下。数字化创新超越了组织和行业，还包括用户和消费者，因为数字化创新是关于积极选择提供的资源，并将它们与其他资源配置在一起，甚至重新思考它们的用途和目的[78]，这反过来又产生了进一步的数字化创新。因此，"个人、团体或组织现在可以共同提供服务和应用，只受限于他们自己设想理想属性的能力"，这产生了新的和不断变化的行为[79]。

柳等（Yoo et al.）[80]认为数字化创新的特点是生成性，即"一项技术的整体能力，在大量的、不同的、不协调的受众的推动下，产生未被提示的变化"。Yoo等[81]通过在产品和服务中嵌入数字技术，数字化创新催生了分层模块化架构，"将数字技术创造的设备、网络、服务和内容四个松散耦合的层次结合起来"。作者所说的松散耦合层能够实现产品无关的组件开发，而不需要知道最终产品，并将形式与功能解耦。此外，数字技术产生了大量的数据，这些数据可以以新的方式结合起来，创造出更多的创新类型和形式[82]。总的来说，数字化创新已经成为一种网络现象，这是由数字技术的民主化获取所促成的，在这种情况下，个人行为者在不受传统等级制度约束的情况下，在与他人的松散共同工作中获得了更多的自主权，而且是在非市场运作情境下[83]。

2. 管理研究中的数字化创新

以上学者主要围绕数字化技术来揭示数字化创新的内涵，还有部分学者对数字化创新的界定集中在该现象的某一个特定方面，如数字化流程创新、数字化商业模式创新等。查尔莫斯等（Chalmers et al.）[84]从技术采纳视角来定义企业数字化创新活动，认为将信息技术作为实现转型升级的重要手段。菲茨杰拉德等（Fitzgerald et al.）[85]从业务模式视角进一步明确了数字化创新，认为数字化技术运用到核心业务转型的企业创新活动才是数字化创新，其中包括新的业务模式、提升运营模式效率、提高用户体验质量等。维亚尔（Vial）[86]认为企业数字化创新除了是一个转型升级的过程以外，还需要体现其对企业价值创造的机理和路径。弗洛里安等（Florian et al.）[87]认为数字化创新是数字化迫使制造企业在新产品和服务之外进行创新，开发其数字商业模式创新流程，以保持竞争力。奇鲁马拉（Chirumalla）[88]认为数字化会通过流程创新来影响到工业企业的产品质量，过程可靠性以及提高灵活性和生产力。霍勒等（Holler et al.）[89]认为数字化创新定义在数字化产品开发场景，将数字技术或组件应用到传统物理产品中，挖掘出产品新的潜力。陈剑等[90]认为企业数字化创新的本质是管理思维的转变，而创新的目的是摆脱对原有工业体系的依赖。戚聿东等[91]认为数字化创新活动是一种为了实现企业长期效益的战略行为，而且数字化技术的引入和业务融合会为企业带来异质性资源优势，这也是企业实现数字化创新的关键。刘淑春等[92]将企业数字化创新理解为"企业+技术+数据"，且具有模式创新、价值创造、经济持续增效等一系列特征。

3. 本研究对数字化创新的概念界定

综上所述，学者们对于数字化创新概念界定与内涵解释，主要从技术和管理视角开展研究。基于技术视角的研究认为企业的创新过程主要依托数字化技术的采纳与应用。技术视角的研究学者认为，数字化创新是通过数字化技术或工具来改善企业创新过程，从而提升企业运营效率和企业经济利润[93]。而基于管理视角的研究认为数字化创新是企业资源重组的过程，也是对企业现有产品和服务赋能的过程，从而产生产品和服务的创新、新的商业模式等[94]。

无论是从技术视角还是管理视角研究数字化创新的概念与内涵，数字化技术都是一个企业开展数字化创新的基础和前提[74]。数字化技术赋予了企业创新循环性和兼容性特征。其中，动态循环性是指企业在数字化创新过程中，积累实践经验和数字化知识，并运用到新的创新过程中，从而在循环过程中持续地对产品和服务等进行优化和改进[80]。兼容性是指数字化技术应用行业领域范围广泛，可以实现不同产品或者不同行业的泛在互联，可以突破传统产业的生产边界，对企业而言，组织和产品的边界也将模糊化[74]。

随着企业数字化创新相关研究越来越丰富，部分学者认为组织管理与数字化技术一样，都是企业数字化创新概念研究的核心对象[94,95]。从组织内部视角来看，企业实施数字化创新需要对组织的数字资源进行嵌入，会给组织带来全面的变革[96]；从组织外部视角来看，数字化创新发生在企业所处的数字市场环境[97]，创新活动不仅需要关注股东、管理者以及员工，更涉及市场中政府机构、消费者、竞争者、合作伙伴等外部主体，在创新过程中需要数字生态的跨组织管理[80]。闫俊周等[95]认为制定数字化创新战略是企业开展数字化创新组织管理活动的基本要求。因此，数字化创新的战略管理属性使得其与管理学意义上的传统创新存在一定的差异，主要表现在创新生态网络、创新过程特征、创新结果表现、理论基础四个方面，详见表2-1。

表2-1   数字化创新与传统创新的差异对比

对比维度	数字化创新	传统创新
创新生态网络	生态呈现多元化、扁平化，更加强调利益相关者与企业同样的创新主体地位	产学研等机构围绕企业核心主体形成创新网络结构

对比维度	数字化创新	传统创新
创新过程特征	生产环节和产品与服务的边界动态模糊，非常注重跨部门、跨领域的协同性	创新各个环节独立性强，流程边界清晰，且整体呈现稳定的规律性
创新结果表现	强调数据资源异质性，创新过程与结果互动性强，可实现商业模式持续演化	通过传统生产要素重组，实现产品、生产工艺、供应链等创新
理论基础	侧重有形资源的研究，多利用资源基础理论、产业组织理论等	侧重组织生态研究，多利用利益相关者理论、创新生态系统理论等

由此可见，有关数字化创新的概念与内涵，有的学者认为数字化创新可以在内部创造或在外部采用（创造或采用）来划定参与的范围；有学者认为通过涵盖各种可能的结果（例如产品、服务、流程或商业模式），扩大通常相当狭窄的数字化创新范围；还有的学者认为有必要界定超越发明的必要属性，并将其定性为创新，以及强调其永远不完整的、新兴的性质（固有的不受限制）。因此，本研究总结和吸取前人的研究成果，将数字化创新定义为通过纳入数字化技术，创造或采用以及利用一种内在的无限制的、增值的新事物（例如产品、服务、流程或商业模式）。

2.2.2　数字化创新战略的概念与内涵

目前，关于"数字化创新战略"的概念和内涵的研究较少，学者们集中于从不同层面来解释战略对于数字化创新的重要性，如数字基础设施、组织流程、组织结构、商业模式等方面的战略管理：

1. 战略视角下的数字化创新

巴拉吉等（Bharadwaj et al.）[98]认为企业更倾向于数字化基础设施、平台和生态系统的战略部署，因为这些数字化系统具有较强的关联性和动态性，由于数字化创新属于新兴现象，传统的战略方案对其并不适用。因此，管理者需要依靠新的战略方法来管理不同的平台配置，并在组织的更大范围内与行为者接触[99]。新的战略策略需要从等级制（自上而下与自下而上）的思维转变，才能将有限资源转化为内部和外部力量[100]。

此外，米里克等（Miric et al.）[101]认为企业为了在平台上获得适当的价值表现，需要依靠非正式或正式的战略，其效果因其规模而异。由于数字技术已经深入到几乎所有的组织流程和产品中，战略不仅需要考虑把握新的市场机会，还需要减轻潜在的风险影响[102]。要做到这一点，可能需要偏离既定的战略框架，转向新的理解，如数字商业战略。数字商业战略被定义为"通过利用数字资源创造差异化价值而制定和执行的组织战略"[103]。

虽然现存的研究并不经常使用数字化创新战略的标签，但在日益数字化的环境中，有几个方面对战略非常重要。第一，埃尔萨维等（ElSawy et al.）[104]认为数字化创新战略必须关注数字技术，考虑组织、环境和数字技术之间的三方动态关系。第二，尼伦和霍姆斯特罗姆（Nylen and Holmstrom）[105]认为战略必须考虑到数字化创新的可塑性，将产品和服务作为永久发展的框架。这样就可以利用数字化创新的影响，如模糊的边界、生成性和融合性。第三，数字化创新战略和IT战略之间的区别是否仍然充分，并强化两者之间的融合。因为数字技术和组织流程越来越难以分离[106]。第四，卢卡斯和吴（Lucas and Goh）[107]考虑到数字化创新会威胁到既定的商业模式，认为高管们必须熟悉新的数字技术，以便将变革的必要性内在化，并有效地传达给员工。

基于战略视角的企业数字化创新研究认为，企业数字化创新活动是一个持续的创新过程，更注重从长期视角关注企业战略、组织结构以及商业模式的变化规律[108]。马特等（Matt et al.）[109]从数字化技术对企业产品和组织不同程度的影响出发，并提出企业的数字化创新战略是涉及企业价值创造、组织结构和财务等管理内容的全面战略规划。桑切斯（Sanchez）[110]基于资源基础理论，将数字化创新战略定义为涉及企业业务、管理决策、资源配置和竞争格局的全面战略规划。卢南等（Loonam et al.）[111]从制造企业特性出发考虑，认为数字化创新战略的实施与规划不仅需要考虑组织架构、技术资源等内部要素，还需要考虑客户关系对数字化创新活动的影响。科雷亚尼等（Correani et al.）[112]认为数字化战略制定是指利用数字化技术实现长期目标，为创造和运用价值的指导政策——包括与外部环境相关的因素、当前竞争情景下的技术潜力以及市场的演变。沙尔莫等（Schallmo et al.）[113]给出了四种通用性的数字化战略：产品提供商、服务提供商、产品平台运营商和服务平台运营商。尼伦等（Nylen et al.）[114]提出数字化创新战略框架包含五个关键领域：用户体验，价值主张、数字进化扫描、员工技能和即兴创作。基于战略视角的企业数字化创新研究，学者们认为企业数字化创新活动不能仅仅局限于数字化技术在企业生产环境、组织结构以及运营模式等方面的应用与创新，更重要的是一种统筹企业外部环境、资源和能力的战略规划，它伴随着战略、组织、文化等涉及企业创新的全方位战略规划。

2. 本研究对数字化创新战略的概念界定

本研究主要探索制造企业数字化创新战略的关键驱动因素及作用机理，沿用此前大部分学者的看法[98,101,103,104,108]，认为数字化创新战略就是企业利用数字化技术，是在经营战略、产品、组织、工艺、技术等领域的革新，由此得以形成自身独特竞争优势的战略。数字化创新战略能够为制造企业以及企业管理者和员工提供开发新产品、解决创新问题的可行、有效措施。为了进一步加强研究的可操作性，使得此定义更加具象化，此次研究在开展过程中充分吸取了领域内专家学者所提出的建设性意见与建议，针对数字化创新战略的管理过程、特征、构成进行探索，以便对数字化创新战略进行后续测量[115]。尽管理解数字化创新战略存在多种视角和方法，但这是一种数字化创新战略概念更简洁更具操作性的方法，尤其对推动数字化创新战略非常有用[109]。

本研究认为制造企业的数字化创新战略相较于其他企业而言既有相同点又有不同点，相同之处在于都是创新性解决问题"数字化"过程的反映，而不同之处则在于制造企业的数字化创新战略所涉及的创新范围更广，这是由于制造企业既是产品的生产者，也是产品品牌的创造者[116]。在数字化创新的过程中不仅既要关注生产和产品的创新，更要兼顾服务创新，因此制造企业数字化创新战略更具有多变性和复杂性，体现在：（1）制造企业产品的开发与生产具有明确的流程，并且开发和生产是分离的，一般制造企业具有独立的产品开发和生产部门，而且一旦确定投入生产场景，产品创新设计和生产所遵循的一系列标准和规格就很难改变[117]。（2）制造企业的服务创新必须对企业服务、服务中介、顾客等统筹考虑，服务创新理念和思路要融入生产和产品创新中，这样才能提升顾客的满意度。服务创新情景更能体现管理者的态度，即从上到下地传递数字化理念并进行探索、实践，而非单纯的依赖数字化技术等具体工具的运用[118]。因此，服务创新并没有像产品创新那样拥有专业的研发机构，普通员工是服务创新的思想来源，不仅如此，还在向顾客测试、反馈信息等服务创新实际执行过程中承担了至关重要的角色，并负责将最终的服务创新成果展现出来。相比之下，管理者更多侧重于通过目标和要求、提出问题、提供权限和资源支持、提供建议和反馈等把握整体方向，而对于每项具体事务参与较少。基于上述情形，制造企业的数字化创新战略不是简单的产品创新策略，需要综合生产、产品与服务、品牌等方面的数字化创新策略，从参与主体来看，微观上讲，数字化创新战略不仅仅是管理者个人层面的资源支配，还应该注重普通员工的认知态度[119]；宏观上讲，数字化创新战略又不仅仅是企业内部团队的资源重组策略，更应该是加强与外部利益相关者互动的有效手段[120]。由于近来多数研究聚焦于数字化技术的应用上，这体现了企业组织如何通过关注以及应用数字化技术提升其数字化能力。然后，数字化创新在战略管理方面仍未得到充分探索，因此，本研究主要探讨制造企业数字化创新战略的关键驱动因素和数字化创新战略的结果影响。

2.2.3 数字化创新战略特征与相关概念辨析

1. 数字化创新战略的管理过程

在数字化创新产品和服务战略管理中，企业可能面临三个主要的不确定性。这些基本不确定性是指企业的产品和服务在市场上被接受的风险[121]，企业在自身和外部的数字环境结构[122]，以及企业满足市场需求的能力[123]。由于这三个基本不确定因素相互影响，企业在评估这些基本不确定因素时应采取战略管理行动。近年来，制造业出现了激烈、快速的竞争。面对这种竞争，企业需要在利用自身资源的同时，进行有效、高效的数字化创新过程管理[124]。在评估企业结构的数字化创新技能时，有三个基本要素将是重要的。它们是企业的组织结构、产品与服务开发逻辑和数字环境分析。

（1）企业组织结构与数字化创新之间的关系。

技术和企业组织之间的联系是由琼·伍德沃德（Joan Woodward）在 20 世纪 60 年代中期首次提出的。他认为员工是企业拥有的智力资本中最重要的元素，他们始终是企业的驱动引擎力量。如果企业的员工愿意创新、变革和转型，他们的行为和态度就会在创新的产品和服务过程中反哺企业[125]，如果员工具有相反的特征，这种情况就会给企业带来巨大的危险[126]。企业在选择员工时，应注意员工是否具有较强的创新能力，是否愿意创新，是否具有可持续学习的特点。瓦斯亚等（Vasja et al.）[127]认为如果数字化创新被成功实施，它基本上为企业提供了相对于其竞争对手的颠覆性产品战略优势。这种有效的战略优势只有在企业拥有一个能够正确管理客户需求和期望的商业结构，才能应对市场上竞争对手的数字挑战。

目前，无论是全球规模的企业还是地方规模的企业，都以不同的合作方式在市场竞争中表现出一种集群行为。市场竞争的速度和规模，以及企业单独以创新产品来对抗这种竞争的能力，已经成为一种困难的局面[128]。近年来，企业一直试图以高水平的开放式创新合作来寻找解决这种激烈、快速的市场竞争的办法[129]。重要的是，企业管理的结构要根据开放式创新合作而灵活，奥普兰德等（Opland et al.）认为[130]基于数字化创新过程一般应在没有任何事先准备的情况下，由企业里有意愿的员工学习，他们在评估创新能力在企业内使用的程度，以及协调数字化创新过程与即兴时间的机制中起着关键作用。现在许多企业鼓励他们的员工在互联网上进行探索研究，以便在工作时间内研究和跟踪技术革新[131]。信息技术的持续创新没有放缓，给各行业的企业带来了新的机遇和威胁[132]。企业如果能够管理这些新技术和新的机会或威胁，与他们在自己的管理和流程结构中有效整合的能力成正比。

企业可以通过战略管理方法正确控制自己的优势和劣势，将市场上的机会和威胁转化为自己的利益。与竞争对手相比，提升企业的不同竞争力是企业进行数字化创新的最重要途径。尼伦等（Nylén et al.）[133]指出，在工业密集期，产品类别存在脆弱性，在市场上的影响对企业有利。面对这种情况，强调这些企业可以通过不断调整商业模式，以数字化创新摆脱这种局面。切斯布劳和罗森布鲁姆（Chesbrough and Rosenbloom）[134]认为，在这种情况下，企业应该根据市场的收入结构来确定商业模式，并考虑到价值链过程中的价值网络和企业的供应商、客户和其他第三方利益相关者。数字化创新不仅限于产品/服务结构的变化，而且对行业内许多商业模式的淘汰或新商业模式的形成也产生了影响[135]。数字化创新带来的新商业模式导致了收入管理中新逻辑和结构的形成。从事这一课题的学者以一种独特的方式构建了宏观层面的战略模型。根据奥莱利和图什曼（O'Reilly and Tushman）[136]的说法，这些战略模型使企业能够消除他们在新产品设计中会遇到的困境。当企业去学习和发展与企业的结构和其他动态相关的能力，学会如何处理激进和渐进的创新，这将会增加战略模式的有效性，新的创新技术管理也将更加有效。

组织机构拥有强大的核心竞争力并加强新技术的应用与创新，将使企业有机会进入新市场，并在现有市场上获得有效竞争优势。根据韦斯特格伦和霍姆斯特伦（Westergren and Holmström）[137]的说法，与竞争对手相比，通过产品中的数字技术，企业也能在售后流程上建立起意识。嵌入产品中的数字技术能够对产品进行实时监控，并通过提供远程在线快速访问产品的售后服务组织结构，提供更有效的客户服务。这将使企业在成本和客户满意度方面比其竞争对手更有优势。

（2）产品与服务数字化逻辑。

在创新层面，一个产品的创新程度显示了新产品与现有产品之间的差异。变化的程度可以是轻微的或激进的。科勒曼等（Kollmann et al.）[138]认为新产品和服务内容创新的影响可能根据客户或企业的不同而不同。通过数字化创新，在功能和服务的创新方面为产品提供了广泛的阶段。在新产品设计中，对数字化创新所提供的创新维度的认识可以给企业带来强大的市场竞争优势，但如果管理不当，它也可能面临一些不确定性。因为客户的偏见、用户的评论或竞争对手企业的市场策略都能有效地决定哪些因素能有效地接受即将提供给市场的新数字产品[139]。在当今的数字化条件下，信息技术提供了不同的资源机会，客户可以在这里获得很多关于新产品的信息。特别是，互联网上的新闻来源（网页、社交平台等）和对产品的无限评论和批评，将使顾客意识到产品的创新，企业也可以了解顾客对创新的看法。通过数字化创新，企业可以在许多不同的创新维度上向客户提供产品，在这样做的同时，他们可以根据市场的结构以不同的服务方式取得平衡[140]。

在对外合作方面，由于行业竞争正在变得更加激烈。企业要在短时间内单独根据竞争对手的情况做出不同的产品创新，已经变得非常困难。出于这个原因，企业正在引入开放式创新合作方式。外部行为者现在是企业更多创造价值的伙伴，因为他们被视为能力的来源[141]。Ma等[142]认为竞争者、不同部门的企业和供应商作为数字化创新设计所需的知识来源，具有非常积极的作用。在这种方法中，企业在将外部知识整合到内部创新过程中表现出一种积极的行为[143]。随着信息技术的发展，外部信息源已经成为企业的一种有效的、新的合作方式。企业必须在数字产品设计过程中密集地使用开放式创新，主要因为时间压力和成本[144]。由于这些原因，企业已经开始在数字设计过程中进行非常密集的合作。根据柳等（Yoo et al.）[81]的说法，数字技术还为企业提供了实现连续高处理能力和降低成本的机会。数字技术在各个领域的逐步发展，使得以前在技术和经济上难以生产的产品/服务，在更多的利益相关者的参与下，可以以更快、更低的研发成本生产出来。

在客户整合方面，由于企业与客户之间拥有强大的信息流，客户整合范式对企业的产品和服务流程的影响已经成为一个不争的事实。高等

（Gao et al.）[145]认为客户不再仅仅是产品和服务的使用者，已经成为企业产品性能和创新的重要来源，其在从该产品的设计过程到最终使用过程都有积极的关键贡献。戈杜谢特和福兰特（Goduscheit and Faullant）[146]认为通过数字化创新，企业可以提供机会在产品和服务环节、渠道管理、产品促销政策、售后服务过程中为客户创造更多价值。企业将有机会在产品和服务过程中通过数字化创新比竞争对手更有效地实施差异化战略[147]。自20世纪90年代末以来，人们的许多需求开始在互联网上以较低和有竞争力的价格提供。哈森扎尔和特拉克廷斯基（Hassenzahl and Tractinsky）[148]认为，在数字化创新中，对客户专业知识的衡量不仅限于使用问题，还包括数字产品和服务的特征。为了作出战略决策，企业需要基于客户的分析，如企业的数字组合将向哪些不同的客户群体提供哪些产品和服务。王（Wang）[149]认为客户细分为企业提供了定位自己的数字产品/服务和定价的机会。当企业进行数字化创新时，必须控制将以何种新的创新方式连接自己的产品和服务。产品设计中数字化创新过程的独特性和企业产品/服务组合中的配置将增加产品设计在市场上被接受的机会[150]。

（3）企业数字化环境分析。

罗和于（Luo and Yu）[151]认为企业为了成功地管理数字化创新，必须关注自己行业以外的数字化创新。否则，可能会导致企业退出市场。企业必须跟踪所有将直接或间接影响其发展的因素，并及时在其数字产品和服务中实现适应性[152]。然而，这种跟进已经超越了企业的合规性，开始转向希望从所有新兴的数字化创新中获益。数字化创新是一种聚合行为，企业需要积极主动地考虑如何使与其他参与者的关系更加活跃。马顿（Márton）[153]认为，数字技术及其生态系统正在经历持续的共同进化，即设备的使用、涉及的渠道和所有其他过程都在不断变化。平（Ping）[154]认为，在这种情况下，企业不应该把这种环境复杂性看作一种威胁，而是应该以一种方式从其中获益。

总之，数字化技术令人眼花缭乱的激进变化，已经消除或大大改变了以往商业世界中最稳健的范式。企业必须以创新的产品/服务设计来适应不断变化的时代，通过跟随技术发展来满足市场上的客户期望。数字技术已经引起了客户对产品/服务的需求和期望的变化[155]。为了让企业有效管理数字化创新，他们必须考虑到内部和外部环境条件的相互作用。而且在竞争中作为重要参数的时间和成本的有效管理，在数字化革命中更为重要，数字化创新必须以战略眼光来管理。

2. 数字化创新战略与数字化转型

本书基于对现有文献的系统梳理，整理了企业管理领域对数字化创新战略领域的研究。总结后发现，学术界经常有关于企业数字化创新存在"数字化转型"和"数字化创新战略"两方面的探讨，与数字化转型的内涵相比，数字化创新战略更能完整地阐释企业的数字化创新活动。

现有关企业数字化转型的研究，更多地关注转型过程中商业模式、业务模式、生产流程、运营模式等方面变革。沙尔莫等（Schallmo et al.）[156]认为企业数字化转型是能够为企业带来更多价值的组织转型，即通过数字化技术的应用重塑企业价值创造。格莱施等（Graesch et al.）[157]认为企业数字化转型是实现重要业务改进的组织转型，即通过数字化技术的应用能够完善用户体验、优化运营模式等。刘洋等[158]认为企业数字化转型的根本因素是用户价值主导和替代式竞争，认为完整的数字化转型应该包括企业目标、治理结构、组织结构、营销模式和产业模式的转变。

结合前面对数字化创新战略内涵与特征的阐释，比较发现：数字化转型的研究注重数字化技术变革带来的商业模式、机制创造等企业内部具体业务的创新，而数字化创新战略的研究不仅仅关注企业业务层面的内部创新，还基于系统和整体视角探索了企业开展数字化创新活动引发的企业竞争、企业战略、企业文化等系统性的变革[159]。即企业数字化创新战略不仅关注企业业务层面的变革，还进一步探索了由此转变带来的产品、文化、理念的战略性变革。

3. 数字化形象

梅勒瓦尔和纳瓦莱卡（Melewar and Navalekar）[160]指出企业形象构

成因素很多，需要政府、市场、消费者以及内部员工等多方主体对企业的表现进行综合评价。而企业形象的具体表现也分为外观形象和内在精神形象。其中后者主要涉及利益相关者对看不见、摸不着的部分（例如企业的目标、精神、文化、声誉、品牌等）展开综合评价[161]。而前者则主要涉及看得见、听得到的部分（例如企业产品的外观和包装、企业名称、商标、广告、公开活动、厂房、典礼仪式等），是后者的外在表现[162]。企业内在形象是学者们丰富和创新战略管理理论的重要因素，本研究的企业数字化形象主要是指内在形象。虽然迄今为止鲜见有专家学者针对企业数字化形象展开研究。但基于企业形象的内涵不难发现，利益相关主体的评价与企业的形象密切相关，而且企业文化、企业品牌、企业声誉等无形资产是企业形象的核心表现[163]。本研究从数字化创新中企业文化、企业品牌、企业社会责任和声誉等方面开展企业数字化形象的内涵探索。

戚聿东和蔡呈伟[164]从员工的视角阐释了数字化企业文化创新的内涵。通过与传统企业文化比较，发现数字化技术的应用打破了沟通壁垒，加强了组织的扁平化。豪塔拉－坎坎帕（Hautala－Kankaanpaa）[165]认为数字化文化是企业在数字化转型和技术创新变革中的内在形象的核心表现。而且数字化文化被视为企业数字化战略实施过程中提升绩效的决定性因素。普罗克斯等（Proksch et al.）[166]将数字文化被定义为"在当代网络社会中，一套关于组织行为和互动方式的新兴价值观、实践和期望"。这种文化可能包括敏捷和灵活的工作风格；数字优先的心态；在建立数字能力时允许失败的适应性技能集；以及关注数据，这可能会影响新企业的数字过程的程度。马丁内斯－卡罗等（Martinez－Caro et al.）[167]认为组织文化是一种长期且相对稳定的特征，它可能为基础组织成员提供认可变化，并在特定组织的背景下实施适应。从这个意义上说，组织不能仅仅通过试图说服人们相信数字化的优点来改变他们的文化。一个组织甚至可以利用其现有的文化和优势来产生它所需要的改变[168]。

劳拉等（Lara et al.）[169]将企业数字责任定义为指导组织与数字技

术和数据相关的四个主要过程的共享价值和规范。这些过程是技术和数据捕获的创建、操作和决策、检查和影响评估，以及技术和数据的细化。并从技术员工和工人、政府等利益相关者视角描述数字责任在企业形象中的具体表现。戚聿东和徐凯歌[170]从以下3个方面针对数字化的企业社会责任进行了阐释：首先，在数字化情境下构建了内生式社会责任的实现机制，进一步加快了"由内及外"的改革，在外部共生逻辑压力下，生态圈共治已经逐步演变为企业的自觉行为，在内在驱动方面，社会责任和数字企业间存在天然适配性；其次，构建了数字化情境下的内生式社会责任战略；最后，基于内生式社会责任战略，形成"组织情景—战略导向"协同演进理论分析框架。肖红军和商慧辰[171]认为社会履责撬动范式以数字社会生态圈资源为基础，其含义为数字企业将资源的整合配置、数据的共享交换作用通过其具备的数字化能力充分发挥出来，从而最大限度地提升各利益相关主体的协作效率，并为了解决社会责任议题，创造多角色的社会生态系统并在这一过程中充分带动各角色的优势资源。

塞亚诺等（Siano et al.）[172]揭示了企业在利用数字化转型和社交媒体平台，与利益相关者（供应商、渠道商、投资商、消费者）的共同创造的方式，促进品牌的快速发展，逐渐形成数字化品牌效应。王雪冬等[173]认为企业数字化品牌形象是指在市场及社会公众心中企业或其某个品牌的个性特征，在很大程度上反映了公众对品牌的评价与认知。明吉奥内和阿布拉特（Mingione and Abratt）[174]同样认为企业的数字化品牌形象是与内部利益相关者（管理者、经理）和外部利益相关者（政府机构、合作伙伴）共同创造的，还深入研究了数字化品牌形象是企业内部战略管理的加速器，尤其是对企业绩效的作用。

综上所述，企业开展数字化创新有助于提升企业社会责任、企业文化、企业品牌等软实力，而政府、供应商、消费者和内部员工等利益相关者的认可和支持进一步塑造了企业的数字化形象。数字化形象是企业核心软实力的重要体现，可以视为一种特定的资源要素；但是从过程角度分析来看，数字化形象既是企业利益相关主体对其数字化创新过程的综合评价，又是数字化创新战略对企业绩效提升的桥梁。因此，企业的数字化形象作为结果要素比资源要素更有研究价值，即在创新战略与绩效提升方面，数字化形象发挥了至关重要的作用。主要体现在以下三个方面：其一，实施数字化创新战略能够在一定程度上增强制造企业的市场竞争力。基于对消费者数字化需求的调查，企业展开产品研发和设计，由此一来，一方面满足了消费者的期望，另一方面，也通过良好的数字化形象提升了企业自身在满足国外市场拓展、数字化供应商合作、数字经济市场、数字化订单等方面的竞争力。其二，实施数字化创新战略能够在一定程度上保障制造企业的政治合法性。通过对生产流程、组织方式等方面的改进，制造企业提升了与政府机构之间的协作效率，由此在市场上甚至整个社会中树立了良好的数字化形象。其三，实施数字化创新战略能够在一定程度上保障企业的社会普遍合法性。降低成本、改善企业文化不仅有助于企业进一步获得员工的支持，还能帮助其实现社区、非政府组织等的要求，树立起了良好的企业形象。对于制造企业而言，政府、市场和社会等的认可与肯定为其树立数字化形象提供了便利，反之，良好的数字化形象也能进一步引发杠杆效应，从而撬动政府、市场、社会上的各种资源。

2.3 制造企业数字化创新战略前置驱动的研究

2.3.1 外部环境对数字化创新战略的驱动研究

就制度理论角度而言，政府政策的表现形式主要体现在两个方面，分别为规制和激励，企业对该类政策的战略主要为数字化创新；就利益相关者理论而言，倡导的是在企业数字化战略制定和创新行为过程中，必须将政府以及政策制定者作为利益相关方。基于上述情形不难看出，政策是外部环境的关键来源之一。杨水根等[175]通过网络演化博弈的仿真分析验证了政府的干预政策对企业数字化创新具有积极驱动作用。具体而言，数字化补贴、高新认证等政府干预政策对企业数字化创新的战略决策具有积极驱动作用。侯林岐等[176]企业微观数据和城市宏观数据的匹配分析，研究发现国家级大数据综合试验区的基础设施、政策红利等促进了企业的数字化创新活动，对企业的数字化转型战略具有指导意义。张等（Zhang et al.）[177]认为政府补贴系数作为一种有效的调节机制，能够显著提高传统企业的数字化创新战略的成功实施率。杜贝等（Dubey et al.）[178]认为制度压力（即强制性、规范性和模仿性）根据背景和行业特征，成为制造企业数字化创新战略的推动者。对制度压力的认识有助于选择有形（基础设施）、无形（文化）和人力资源（"大数据"技能）。孙等（Sun et al.）[179]以制度理论和技术—组织—环境（TOE）框架为基础，提出了数字化创新战略驱动效应的模型，研究表明：制度压力和监管环境等因素对组织采用大数据具有显著影响。

有学者基于外部环境视角发表了看法，指出企业开展数字化创新过程中，也受到了市场压力以及竞争环境的驱动。迄今为止，市场对创新的驱动理论已非常成熟且被广泛应用。任晓怡等[180]认为试验区的设立会促进市场竞争和提高市场化程度，其对企业内部创新投入、内部控制质量也有促进作用，而这些因素对企业数字化转型的战略规划产生了驱动效应。胡媛媛等[181]探讨了市场竞争力与企业数字化战略的关系。通过面板数据分析得出结论：在不稳定环境下市场竞争对企业数字化战略的导向性更强。佩奇等（Pech et al.）[182]在研究与数字化相关的产品定制过程中，发现驱动数字化创新的外部集成的重要性。除了这种集成之外，公司还可以利用第三方提供商的市场数据为制造商提供有价值的客户数据。劳滕巴赫等（Lautenbach et al.）[183]认为企业数字化创新通过制定数字化领域的国家级战略来通过行业与政府的参与来解决。程（Cheng）[184]讨论了数字化的市场机会。研究发现，与数字化愿景薄弱的竞争对手相比，将大数据、云、移动和社交技术集成到其基础设施中的公司更有利可图，销售额更大，市场估值也更好。吴等（Wu et al.）[185]认为通过数字化战略实现开放式创新，是制造企业在数字经济中获得竞争优势的重要途径。案例研究发现：市场环境动态起着催化作用。当市场环境高度动态时，企业现有的市场优势可能会被在其经营的市场中推出创新产品所打破。

2.3.2 内部环境对数字化创新战略的驱动研究

企业要想开展、组织数字化创新活动，当务之急是要具备较强的信息技术能力，收集和准备充分的数字化资源，由此一来，一方面能够获得相关的物质支撑，另一方面也能够针对其拥有的资源和信息技术能力进行合理分配，实现企业内部更大范围内的资源协调和共享，进而促进企业选择数字化创新战略。该战略与一般战略类型不同，前者在面临外界环境例如市场、技术等方面不稳定因素时，能够基于其所具有的数字化资源、能力有效、合理地控制数字化创新过程中所潜在的风险，压缩数字化创新过程中耗费的成本，从而为制造企业提供更大的决策空间。资源基础理论和能力理论对制造企业数字化创新战略的影响遵循两条路径：一是制造企业的异质性资源和能力是其开展数字化创新战略的优势；二是数字化创新战略的实施有利于制造企业获取独特的资源和能力。现有关于数字化创新战略的内部驱动要素的研究主要根据第一条路径开展。

学者们对数字化资源和能力的研究，除了研究各方面对制造企业数字化创新战略的驱动要素外，部分学者还给出了阻碍数字化创新的要素，这些要素也是我们在研究中需要关注的。张巍[186]分析了科创板上市企业，提炼出数字化转型战略的内部关键驱动因素，包括综合实力、利润、人均收入和研发人员数量。通过研究发现研发支出、企业属性和地方政策与企业数字化转型战略密切相关。余东华等[187]认为数字化技术可以直接驱动数字化创新，也可以通过数字生态战略来驱动组织变革创新。颉茂华等[188]从组织结构视角探索数据对企业数字化战略的驱动效应。数据的驱动机制是动态循环的，需要从数据收集、数据分析、数据利用三个维度进行开展。李少帅等[189]研究了数据与企业战略、数字化创新管理的影响机理。通过案例研究总结出：数据的驱动效应会帮助企业化解在制定数字化创新战略时的不确定性风险。米雷拉等（Mirela et al.）[190]通过对中小企业经理层的调研和数据分析，结果表明：企业对数字化创新的了解、企业对数字化创新战略的重视程度、员工数字化普及和培训是当前中小制造企业数字化创新的关键驱动因素。博罗夫科夫等（Borovkov et al.）[191]从组织层面研究了先进的数字化技术采用的准备程度对制造企业数字化创新的影响。研究结果表明：影响数字化技术准备程度高低的因素为数据收集和存储设备情况、员工 IT 水平等，准备程度高的企业会加快数字化创新过程，相反则会阻碍数字化创新战略的实施。张任之[192]从模块化理论视角研究了信息技术驱动制造业价值链数字化的重要性。信息技术可以更好地帮助实施数字化创新战略，如通过消费者个性化需求、模块化设计的技术创新水平等路径。张新等[193]探究了企业产品适应性的数字化创新机制。该机制认为数字化技术可以驱动企业的产品创新战略的实施，彼得等（Peter et al.）[194]除了认为数据和设备准备是促进制造企业数字化创新战略的重要因素外，还探讨了制造企业的生产模式是区别于其他行业的异质性优势，数字化技术与生产环境具有较强的兼容性，利于优化改进企业的业务流程。戈巴卡洛和伊朗马内什（Ghobakhloo and Iranmanesh）[195]探讨了在工业 4.0 背景下制造企业数字化创新的战略驱动效应。通过结构方程模型得出 11 项能够驱动企业数字化创新战略的因素，但有关运营的数字化技术是这 11 项中最关键的因素。哈吉扎德（Hajizadeh）[196]认为制造企业数字化创新的驱动优势来自拥有海量的原始数据，这非常有利于数字化技术的应用，但是同样是数字化技术应用方面管理者工人对数字化的理解力不够，会变成阻碍因素。诺伊文胡岑等（Nieuwenhuizen et al.）[197]针对中小制造企业的资源稀缺情况下，从成本和数字化技术要素考虑建立企业在线组织的最优战略，以此弥补在数字经济时代的劣势，提高行业内的竞争优势。崔淼等[198]从组织忘却学习视角研究了企业数字化战略的驱动机理以及影响路径。通过"数字化活动—组织学习—数字化战略制定"的研究框架分析得出：组织的即兴学习对数字化创新活动起到了中介作用，会影响到数字化战略的制定。

也有部分学者将组织资源作为整体变量进行研究。张等（Zhang et al.）[199]从技术、组织、环境三个维度确定了制造企业的数字化创新的关键驱动因素，认为制造企业应重视组织能力的提升，将战略和人才作为推动企业数字化创新的重要资源。惠等（Hui et al.）[200]研究了建筑业数字化转型的关键驱动因素。包括企业资源、企业能力、企业精神、宏观环境和行业环境。其中，企业的能力对数字化转型影响最为显著。鲁斯利等（Rusly et al.）[201]探讨了形成数字化转型的中小企业数字化适应战略的内在驱动力。采用计划流程变革模型和技术适应过程模型作为数字适应研究的新理论视角，结果揭示了推动中小企业数字化转型的四个驱动维度：业务战略、价值创造、数字领导力和数字人才。

企业管理者虽然属于组织的重要资源和能力体现，但管理者对数字化创新的支持既有自身对数字化创新的敏感性和责任感，也有其对外界市场压力和政府政策福利的关注度。因此，本研究将管理者对数字化创新的支持作为单独要素进行文献综述。而管理者对数字化创新的认知、价值观以及参与度方面对企业数字化创新战略的影响已经得到了支持。宋敬等[202]从行为经济学视角证明了管理者对数字化的短视行为对企业数字化创新战略具有显著的抑制作用。该研究结果说明管理者对数字化的态度是企业数字化创新的重要驱动因素。阳镇等[203]研究高管团队的学术经历如何驱动企业的数字化创新活动，研究结果表明：高管团队的学术经历主要通过驱动缓解融资约束、强化企业社会责任等转型战略来实现创新。伯克尔等（Birkel et al.）[204]认为阻碍企业数字化转型的首要障碍因素是管理者的关注度不足。作者还提出超越制造企业纯数字化技术应用的思路，即数字化创新的驱动应该综合考虑系统、人和数字化技术之间的互动。斯库奥托等（Scuotto et al.）[205]通过微观基础视角强调了首席数字官的关键作用；以及个人杠杆的重要性，即通过发展中国家的调节作用来产生创造力。毛聚等[206]研究了CEO综合职能背景对企业数字化创新的驱动效应。通过实证检验表明：CEO综合职能背景能够有效地驱动企业数字化创新，而且这种驱动效应在国有企业中更为显著。宋敬等[207]从高阶梯队理论出发，研究了企业数字商业模式创新的战略驱动效应。研究得出结论：除了高管团队异质性对商业模式创新有显著作用，而且从制度理论视角验证了制度环境会对高管团队与商业模式创新的关系起到正向作用。

2.4　制造企业数字化创新战略影响结果的研究

2.4.1　数字化创新战略对企业经济绩效的影响研究

从波特假说理论视角来看，更多学者集中于研究数字化创新战略对企业的经济绩效的作用机理，面对"数字化的价值体现"这一问题的争论一直都在。部分学者认为数字化创新战略的实施会增加企业的投入成本，而数字化的创收并无法弥补成本的投入。1987年诺贝尔经济学奖获得者罗伯特·默顿·索洛（Robert Merton Solow）将这种现象命名为"索洛悖论"，即"IT产业无处不在，而它对生产率的推动作用却微乎其微。"在战略管理领域，以波特和米勒（Potor and Millar）[208]为代表的学者认为信息技术（IT）正在改变组织的运作方式，数字化创新战略对企业绩效有积极的促进作用。未从中获利是相关资源未能进行充分利用和合理配置的原因，也说明制造企业在采购、生产、销售等业务环节存在进步空间。数字化创新战略的实施一方面可以通过数字化技术应用进而降低生产成本和生产安全性，另一方面也可以帮助企业获得额外的利润来源和数字化形象，进而提升企业绩效。

现有大部分研究都在围绕"索洛悖论"进行解释，即数字化创新战略的实施有利于企业绩效的提升。李煜华等[209]认为数字化技术采纳战略对制造企业服务绩效有积极的影响。通过研究得出：数字化技术采纳战略的实施能够显著促进资源和动态能力对制造企业非经济绩效的积极影响，而对经济绩效影响不显著。该研究有关数字化创新对绩效的影响机理为：驱动因素（资源和动态能力）—数字化战略（技术应用）—绩效（非经济绩效）。胡杨等[210]研究了数字化创新转型战略对企业对外投资效率的影响机理，实证检验出通过数字化技术应用于生产环境和组织创新能力方面，可以提升企业的对外投资效率。埃勒等（Eller et al.）[211]研究了数字化创新驱动机理对经济绩效的影响。通过实证分析得出结论：资源与数字化创新战略正相关。反过来，数字化与绩效密切相关，信息技术对绩效的有积极影响。然而，员工技能对绩效没有显著影响。于等（Yu et al.）[212]通过对中国企业实证研究发现了企业数字化创新与经济绩效之间存在倒 U 型影响，从价值链、业务流程、产品和服务和数字化技术应用这四个企业数字化创新维度解释了数字化悖论现象，并证实了对经济绩效的正向作用。

2.4.2 数字化创新战略对企业创新绩效的影响研究

关于数字化创新战略与企业绩效的关系研究，除了经济绩效，还有创新绩效。制造企业的数字化创新战略的实施会对创新产生直接影响，战略管理视角将企业创新视为企业的可持续竞争能力的核心，因此学者们开始关注其对创新绩效的作用。李德辉等[213]研究了企业冗余资源、数字化转型战略与企业创新绩效的影响关系，结果表明：要素（冗余资源）通过数字化转型战略对企业创新绩效产生积极的影响。唐韬等[214]通过研究得出企业数字化创新对劳动生产率存在"U 型"效应，进一步检验结果表明：企业数字化创新是通过技术升级、组织变革和劳动力内部流转等战略的实施来影响劳动生产效率，即作用机理为：数字化战略—升级绩效。王文娜等[215]探究了制造企业价值链数字化战略与创新绩效的因果关系。通过微观数据调查与分析得出，企业的价值链数字化战略对创新绩效存在积极的效应，其中信息共享效应和知识溢出效应是二者因果关系中的重要中介因素。张海丽等[216]研究了企业数字化创新的驱动因素：大数据对创新绩效的作用机理。研究表明：大数据是通过产品创新战略的路径来影响企业创新绩效的。在不同的阶段，大数据驱动数字化创新战略与创新绩效的作用机理存在差异性：当产品创新度较高或较低的情况下，大数据对创新绩效具有抑制作用；当产品创新度处于平均水平时，大数据的作用是积极的。赵慧娟等[217]从数据驱动视角研究了中小制造数字化创新战略促进创新绩效的作用机理。通过多案例剖析，数据驱动的数字化创新战略分为非研发创新、供应链创新、流程创新、营销创新、用户参与和组织创新6个方面。对企业创新绩效的作用路径可以归为渐进式提升路径和突破式提升路径。具体来说，数据驱动通过研发创新、供应链创新、流程创新、营销创新来实现渐进式的创新绩效提升，用户参与产品和组织创新是实现突破式创新的过程。有学者（Shen et al.）[218]认为制造业的结构性变化迫使制造企业在生产和研发方面了解数字化和服务化创新战略的重要性。通过企业内部动态能力的视角来研究服务化、数字化和企业创新绩效之间的关系。研究结果表明，服务化对创新绩效作出了重大贡献，而数字化则充当了拟议关系之间的中介机制。因此，该研究主张服务化和数字化的融合和发展。有学者（Wu et al.）[219]研究了数字化创新战略如何赋能企业可持续发展，作者分别以企业的经济业绩和绿色创新绩效为特征，探讨了绿色技术创新的中介作用。实证结果表明：（a）企业数字化在经济业绩和绿色创新绩效方面对企业的可持续发展产生积极影响；（b）国有企业倾向于通过数字化加速绿色技术创新进程来改善创新绩效，而非国有企业则更关注经济绩效。此外，高技术行业的企业同时关注经济绩效和绿色创新绩效，而非高科技行业的企业则强调扩充绿色创新绩效。因此，这项研究有利于企业充分利用数字化和绿色技术创新，实现可持续发展，包括改善经济业绩和绿色创新绩效。王等（Wu et al.）[24]研究数字化创新如何赋能创新绩效，进行了多案例分析发现。首先，资源整合是连接数字化创新战略与创新绩效的桥梁。企业通过数字化创新促进数字资源的识别和获取、资源匹配和利用，进一步赋能开放式创新，进而提升创新绩效。其次，数字化能力赋能开放式创新绩效与内部和外部因素密切相关，管理者的环境动态和数字化意识起着催化作用。曾等（Zeng et al.）[220]探讨了企业数字化的经济影响，机制检验表明，提高全要素生产率是数字化改善企业经济绩效的潜在机制。异质性检验表明，数字化的经济效果在国有企业和司法透明度较高的地区企业中更好。该研究确定了数字化的商业价值和数字价值创造的边界条件，有助于理解数字技术与实体经济的融合。王（Wang）[221]认为企业的市场化战略能否影响企业的合法性、市场导向、企业合法性、企业创新绩效之间存在着复杂关系。实证结果证明，数字化的企业如果在战略导向的可持续创新绩效体系中能够满足所有利益相关者的社会期望和认知，就会得到他们的认可和接受，从而获得更高的合法性。阿尔迪托等（Ardito et al.）[222]认为数字化和环境战略导向对产品和流程创新绩效具有积极的直接影响。相反，追求数字化和环境可持续性双重战略的互补效应对流程创新绩效有负面影响，对产品创新绩效并不重要。纳亚尔等（Nayal et al.）[223]基于关系视图、交易成本经济学、技术、组织和环境（TOE）以及基于资源的视图理论，研究了数字化绿色创新对供应链企业创新绩效的影响。研究结果中，数字化创新对供应链企业的创新绩效有积极影响。而且管理人员可以利用数字化战略来实现可持续的创新绩效。

2.4.3　数字化创新战略与企业竞争优势

除了关注数字化创新战略对企业经济绩效和创新绩效的影响，也有学者意识到应该从长远角度来考虑数字化创新战略为企业带来的效用。资源利用率和生产效率对企业的收益影响都有瓶颈，但是从战略视角考虑更注重数字化创新战略对企业成长和可持续发展的影响和竞争优势的获得。学者们对于数字化创新战略与竞争优势的关系研究，有的关注二者的直接关系，另一些学者更关注通过数字化形象、竞争能力、资源等中介或调节效应而间接影响企业竞争优势。李等（Lee et al.）[224]通过数字化战略对企业竞争优势的直接和间接影响分析得出：数字化对竞争优势没有直接影响，而是通过组织数字化学习对其产生间接影响。王永伟等[225]认为CEO变革型领导行为不仅可以直接对竞争优势产生正向影响，还可以驱动数字化创新来提升企业竞争优势。鲍曼等（Bouwman et al.）[226]认为更多的资源分配给数字化创新和更多地参与战略实施实践，对公司的竞争优势产生了积极的影响。这些效应是由数字化创新实践和公司创新所介导的。此外，通过识别这些先验条件影响公司整体竞争优势的不同配置，揭示了等效性的存在。罗扎克等（Rozak et al.）[227]认为数字技能可以提高中小企业对 ICT 的使用、社交媒体参与度和组织敏捷性。该结论为中小企业在未来更具可持续性和竞争力提供了实用的见解。阿里亚斯－佩雷斯等（Arias－Perez et al.）[228]发现证明了外部嵌入是企业的关键，通过其通过数字技术创造价值的全球方式，不仅能够提高运营效率，而且能够提升企业在当地的竞争优势。昂格尔曼等（Ungerman et al.）[229]认为企业为了使自己更具竞争力并提高绩效，他们必须不断开发新产品和战略。研究证实，企业认为在数字化背景下创新营销战略的最大影响是企业竞争力的提高，这是该研究的最高评价。

2.5 研究评述

由上述文献综述可见，众多学者从多个层面对制造企业数字化创新战略进行了较为丰富的相关研究。从研究对象方面看，更聚焦于企业具体业务层面对于数字化技术的应用与创新，而数字化创新战略更强调数字化创新活动的统筹性和持续性。因此，数字化创新战略的规划与决策对制造企业转型升级具有重要意义，可以保持制造企业可持续的竞争优势。从数字化创新战略前置驱动方面看，学者们主要从政策、市场、资源和能力等多个角度进行了研究。制度理论、利益相关者理论的研究主要关注外部政策环境和市场环境对数字化创新战略的影响。而资源基础理论和能力理论的学者则主要研究数据收集与存储、数字化技术准备与应用、企业员工、管理者认知、数字化学习、数字化形象等内部因素对数字化创新战略的驱动效应。从数字化创新战略影响结果方面看，学者们主要从经济绩效、创新绩效以及与竞争优势的关系等视角进行研究。

以上研究取得了丰富的研究成果，一是对于制造企业的现状和发展趋势受到了学术界的关注，已经充分认识到制造企业数字化创新战略的必要性；二是制造企业数字化创新战略驱动因素引起学术界的重视，从不同角度对制造企业的具体驱动因素进行研究；三是制造企业数字化转型近年来得到了较好的发展，学者们逐渐深入研究数字化创新战略对制造企业转型升级的影响。由此可以看出，数字化创新战略在制造企业转型升级过程中的重要性，说明有关制造企业数字化转型的思路，学术界比较提倡对创新活动和行为进行长期规划，这样才能保证数字化创新为企业带来了可持续竞争力。在权变管理理论中，战略决策的实施是基于对研究要素之间因果关系的理解。因此，本研究对有关制造企业数字化创新战略的研究按照"前因后果"的思路进行了归纳分析，主要从数字化创新战略的机理方面展开研究。

数字化创新战略已有的研究成果为进一步开展的研究提供了重要的理论参考，但仍存在以下 3 个方面的不足：

（1）在制造企业数字化创新战略前置驱动方面的研究，虽然开展了有关宏观环境、市场、组织环境以及个体视角的多种驱动效应的研究，也丰富了现有的制度理论、利益相关者理论、资源基础理论和能力理论等，但从数字化创新战略的整体理论视角来看，研究成果比较分散，缺少从内外环境整体视角深层次挖掘制造企业数字化创新战略的驱动机理。在整体视角的协同效应下，内外环境中哪些属于数字化创新战略的关键驱动因素？这些因素具有哪些关键特征？目前，在相关学术成果中对于上述核心理论问题的研究比较少见。

（2）在制造企业数字化创新战略影响结果方面的研究，学者们习惯将企业的绩效视为数字化创新战略的必然结果，集中关注二者的直接关系，往往忽视了数字化创新战略与企业绩效之间的作用机理和路径。有少部分学者从产品战略、服务化战略、数据战略、技术采纳战略等单方面来探讨战略与经济或创新绩效的路径，但在数字化创新战略与经济和创新绩效的整体作用过程和战略决策的研究仍比较薄弱。

（3）现有关制造企业数字化创新战略作用机理的研究，从前置驱动因素和影响结果两个方面开展，但研究"前置驱动因素—数字化创新战略—影响结果"三者的互动关系的较少。根据变革管理理论，驱动因素对数字化创新战略的作用结果会影响到战略与绩效的关系，而更进一步地理解，是否存在数字化创新战略与前置驱动因素的相互关系，进而影响到数字化创新战略的结果机理，即数字化创新战略对部分前置驱动因素的反馈机制在三者关系中的具体体现。

第 **3** 章

制造企业数字化创新战略的
关键驱动因素识别

通过前一章的文献综述可知，目前针对制造企业数字化创新以及战略的研究还处在单维度方面的理论扩展阶段，从战略管理整体视角进行制造企业数字化创新机理研究较为缺乏。因此，有必要先通过实地调查以及质性研究对制造企业数字化创新战略的关键维度结构及其作用原理进行研究。本章在研究驱动制造企业数字化创新战略的关键因素时主要采取了扎根理论方法，构建了制造企业数字化创新战略作用机理的系统理论框架，同时为随后理论模型构建、量表设计以及实证检验奠定了基础。本章核心内容包括：（1）明确制造企业数字化创新战略的关键驱动因素以及形成机制；（2）理清数字化创新战略对制造企业绩效表现的影响逻辑。

3.1 数字化创新战略关键驱动因素识别方法的确定

本研究需要探究影响制造企业数字化创新战略的关键驱动因素对其绩效的作用机理，需要识别出关键的驱动要素，然后对数字化创新战略、关键驱动要素与制造企业绩效三者之间的联系进行探讨。有关当前研究的理论框架并不完善，研究缺乏充分的理论依据。而质性研究是从完善和构建理论的视角出发，从现实世界中的真实案例或项目中总结和归纳出解释研究问题的理论演绎。显然对于上述所描述的问题，采用质性研究方法更易于发现对制造企业数字化创新战略造成影响的因素，即对关键驱动因素的挖掘，相反，采用量化研究方法更易于对关键驱动因素对数字化创新战略以及绩效的关系进行检验。因此，本书首先采用质性研究识别出制造企业数字化创新战略的关键驱动因素，然后通过量化研究进一步检验作用关系，为最后制造企业数字化创新战略的决策框架和实证分析提供数据支撑。

扎根理论，旨在某一种情景下，根据已有的研究成果和实战经验进行推算，从本质上来说是一种质性研究。本章节探讨了如何识别制造企业数字化创新战略驱动效应，以此识别出关键驱动要素。由文献综述分析可知，制造企业数字化创新战略的驱动效应研究比较分散，理论缺乏整体性，因此采用扎根理论研究方法来保证研究结果的准确性、有效性和稳定性。

选用扎根理论研究方法的原因如下：第一，由于制造企业数字化创新驱动效应关注的是关键要素以及要素之间的理论逻辑，属于"Why"和"How"的问题。扎根理论是构建和验证理论的有效方法，也是解决这些问题的首选研究策略。第二，在制造企业数字化创新过程中，存在许多复杂和抽象的概念。因此，很难对研究变量等进行量化，并基于大量样本实证验证相关假设。扎根理论则可以通过深入的理论分析，提出一个全面的理论框架，描述研究对象的复杂性，揭示现象背后的作用机理[230]。第三，本章节旨在探讨驱动制造企业数字化创新战略的关键因素，并从战略管理的整体视角揭示这些驱动因素在制造企业数字化创新中复杂作用关系。因此，研究单一的案例不具有代表性，选择多案例研究[231]，对3家数字化技术创新方式不同的中国制造企业进行分析，基于对案例的比较分析来解决研究的核心问题。第四，研究的重点在于从案例中挖掘关键信息并构建核心概念关系模型，形成理论框架，而扎根理论被视为沟通复杂质性数据与主流演绎研究间的桥梁[232]。

采用扎根理论方法进行数据分析，这是一个理论归纳与理论演绎相结合的过程。数据收集与分析需要同步进行，以便在分析过程中发现问题并及时补充资料。为了做好数据分析，本研究成立了编译小组，编译人员通过数据分析—研讨—概念和范畴提炼—范畴对比与调整的流程确保数据分析的客观、准确[233]。

具体步骤如图3-1所示。第一步，利用开放式编码对初始资料进行分解和比较，发现原始资料的初始概念和范畴；第二步，利用主轴式编码对资料进行重整，并识别范畴与范畴的相互关系，从而归纳出主范畴；第三步，利用选择式编码提炼出核心范畴，从而构建理论框架[229]。

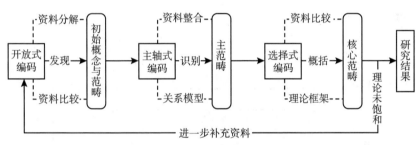

图3-1 扎根理论的数据分析过程

3.2 数字化创新战略关键驱动因素识别的研究设计

对制造企业数字化创新战略关键驱动因素识别进行总体设计，以保障团队在研究过程中目标、流程等保持一致性。根据已建好的实施流程对影响制造企业数字化创新战略的因素进行挖掘分析，该流程在一定程度上能增强实施过程中的精确度和科学性。具体实施流程如图3-2所示。其中，在对原始资料进行整理和分析的过程中，为了提高资料的收集完整度，对补充资料的收集需要标明出处，直到所有的资料都符合标准。

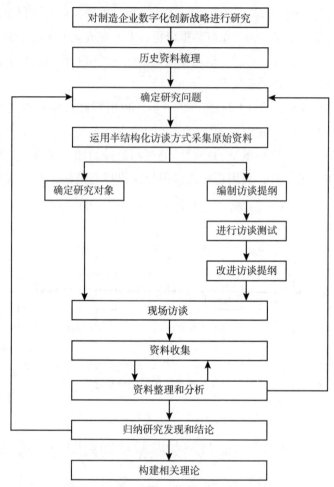

图 3 - 2   制造企业数字化创新战略关键驱动因素识别的总体设计

对资料进行收集。第一，选择研究对象，即在数字化创新方面具有代表性的制造企业，掌握研究对象企业数字化创新战略制定与实施过程，对入选的企业中的所有高层领导、研发部门人员、技术部门人员以及基层人员全员实施一对一的访谈，对目前的发展阶段进行掌握，并对访谈内容进行记录。第二，对涉及的概念和定理进行梳理阐述。将上个阶段收集到的信息和资料数据进行编码，编码类型划分为三种，分别为开放性编码、主轴编码以及选择性编码，从而将信息和资料按照编码方式进行数据化。第三，开展理论饱和度的检验。主要检验核心内容的严谨性、科学性、全面性。一旦核心内容未通过理论饱和度的检验，说明收集的资料和信息有所缺陷，需要重新收集，重复扎根过程，直至符合要求为止。第四，逻辑分析与理论构建。建立制造企业数字化创新战略关键驱动因素核心范畴与主范畴之间的本质联系，构建制造企业数字化创新战略作用机理的基础理论模型。

开放性编码作为扎根理论识别制造企业数字化创新战略关键驱动因素的第一步，其主要任务是将访谈资料以及各类信息进行逐句分析并建立编码规范。在这个过程中，需要结合资料内容的实际情况，进行标签标记识别，然后对标签进行提炼形成概念。在此基础上，将各标签融合之后再次抽象化，保证能够组成不同于之前的全新范畴。据此，对扎根理论的开放性编码给出结构组织：先贴标签，再将其概念化，最后将其范畴化。本书在开放性编码数据分析中，贴标签的规则首先按照访谈的顺序，根据制造企业所属行业，编码 A、B、C……，具体的企业则是按照 A1、A2 的方式进行标记，访谈资料则以对应的小写字母标记。

根据扎根理论的应用步骤，开放式编码的概念化标签不能完整地表达访谈原始语句中的概念以及关系。所以，需要进行主轴式编码，对初始概念进一步提炼。主轴编码是基于开放式编码的基础之上进一步完成对编码的优化，同时也要对初始范畴之间的关系进行研究分析。本书在研究中通过对制造企业数字化创新战略关键驱动因素进行开放式编码，形成了概念化标签，结合主轴式编码，将初始概念进一步范畴化，形成了更为简洁和准确的范畴化标签。

3.3 数字化创新战略关键驱动因素识别的访谈对象选择

本书在选取研究对象时，首先从工业和信息化部（简称为工信部）、智能工厂示范项目以及各省工信厅支持的数字化车间企业中进行研究对象的筛选，以此来确保被选取的企业必须具备模范性、综合性以及代表性。自从党的十八大召开以来，国内智能制造业快速发展，其发展规模以及行业水平显著提高，为工业经济的发展奠定了基础。根据数据统计，我国已完成建立的数字化车间以及智能工厂的数量超过2100个，示范标杆工厂占据209个。考虑到数据的可得性与全面性，本书在选取数字化创新战略企业时，将示范项目目录中的制造企业作为备选的研究对象。因为数字化车间、智能工厂项目中的制造企业在研究中占有三方面的优势，详细内容如下：（1）目录中的制造企业具有代表性，其在数字化创新方面的发展要远超过国内的平均水平。根据数字化车间以及智能工厂的示范项目的筛选标准来看，国家级和省级数字化车间和智能工厂试点示范项目必须具有智能化数字化程度高、科技水平领先、行业产业发展引领带动作用强等特点，具有较强的可推广性和可复制性，能够作为各行业、各领域的排头兵，推进智能制造高质量发展。（2）目录中的企业在制造行业中相比于其他企业更加全面综合。众所周知，工信部在筛选各行业中具有代表性的数字化创新示范企业时，所涉及的范围之广、行业之多只为了能够选出合适的制造企业，以此来作为数字化车间以及智能工厂的试点，因此所选取的企业必须能够代表制造行业的数字化创新水平以及技术能力。（3）目录中的企业相对于其他企业数字化创新水平的真实性更强。对于所有进行申报的企业，都必须按照严格的程序审查后报送，并且由部门组织专家组进行评审与公示，严谨的申报和评审流程说明成功进入示范项目目录的企业，在数字化创新方面的工作具有更高的真实性和可靠性。综上所述，本书在研究中具体选择数字化车间以及智能工厂试点的示范项目目录中的制造企业作为备选研究对象。

在研究对象筛选时，从不同行业领域和不同类型企业角度出发，对备选企业资料的收集难易程度进行估算。首先，根据资料获取的方式以及难易程度作为第一步筛选的标准要求，对所有备选企业进行简单的筛选。其次，考虑到行业覆盖率，在筛选企业时兼顾对同一行业的分配，也就是说，对于相同行业的企业进行筛选时，要结合企业所处的发展阶段，比如掌握企业的各个发展阶段，尽可能提高所选企业的可信度。经过上述程序，筛选出 20 家备选企业。最后，结合初步的访谈调研过程，对备选企业进行二次筛选，选出在访谈过程中较为明确提出数字化创新战略、驱动战略的影响因素以及企业绩效的典型制造企业，最终确定了 15 家制造企业作为研究对象，如表 3 - 1 所示。将这些制造企业分为 5 个检验组和 10 个建模组。检验组用来进行制造企业数字化创新战略关键驱动因素的理论饱和度检验，建模组用来构建制造企业数字化创新战略关键驱动因素识别模型。

表 3 - 1　　　　　　　　　　　访谈企业统计

序号	访谈企业	所属行业	研究对象用途
1	A1 乳业有限责任公司	食品制造	建模组
2	B1 环境技术股份有限公司	电气机械和器材制造	建模组
3	C1 生物工程有限公司	医药制造	建模组
4	D1 科技股份有限公司	通用设备	检验组
5	C2 制药股份有限公司	医药制造	建模组
6	E1 汽车装备有限公司	汽车制造	建模组
7	D2 动力股份有限公司	通用设备	建模组
8	B2 股份有限公司	电气机械和器材	检验组
9	E2 客车股份有限公司	汽车制造	检验组
10	F1 通讯有限公司	电子设备	检验组
11	G1 轮胎工业有限公司	橡胶和塑料制品	建模组
12	H1 科技股份有限公司	专用设备	建模组
13	D3 智能机器人有限公司	通用设备	建模组
14	B3 空调有限公司	电气机械和器材	建模组
15	H2 机械有限公司	专用设备	检验组

在表 3 - 1 中列举了 15 家典型制造企业。在制造业细分领域方面，这 15 家企业包括了食品制造、电气机械和器材制造、医药制造、通用设备、

汽车制造、电子设备、橡胶和塑料制品、专用设备等；在调研对象方面，主要包括总经理、项目经理、技术负责人、主管等企业管理层岗位，还包括技术人员和一线员工等。据此可知，上述 15 家企业不管是从行业领域方面，还是从调研对象方面分析，其覆盖率都相对较高，其次从一对一访谈的效果和内容方面分析，这 15 家企业对数字化创新战略过程都有着相对较高的参考价值。所以选择上述企业具有典型的代表性。

3.4　数字化创新战略关键驱动因素识别的资料收集与整理

本部分的资料收集与整理主要采用半结构化深度访谈的方法，围绕制造企业数字化创新战略驱动、过程实施以及结果这一主线开展。扎根理论研究在于聚焦于某一特定的问题，开展深入的研究。在研究对象方面，选取的样本要具有典型性，即样本要尽可能地表达出所研究问题[234]。本研究的样本企业来自工信部门数字化车间、智能工厂示范项目目录的制造企业，在数字化创新方面更具有代表性。在深度访谈过程中要尽可能提升理论饱和度[235]，本研究进一步来选择企业中不同级别、不同岗位的员工，在收集资料的同时，不断筛选具有代表性的样本，或者让接受访谈的企业管理人员选取最具代表性的样本，直到访谈样本中不再出现新的概念范畴为止。

3.4.1　访谈资料

在开始正式访谈之前，访谈人员分别于 2022 年 1 月、3 月前往本地一家制造企业开展了为期三天的实地预调研，同企业总经理以及技术部门管理人员进行座谈，初步收集了有关数字化创新战略访谈的相关建议。在预调研期间，访谈人员作为企业一线员工进行了生产实践体验，并对一线员工的数字化创新相关工作进行了观察，以便提出合适的访谈问题。

在预调研的基础上，开展了对企业管理层和一线员工的正式访谈。2022 年 3 ~ 5 月，通过面对面访谈，电话访谈以及微信访谈的方式，共有来自 4 个省份 15 家制造企业的 25 位员工参与了正式访谈。在以往扎根理论应用的实践中，学者们建议正式访谈样本的数量应不少于 12 个，因此，本研究的访谈数量符合基本要求。为了提高访谈过程的效率和安全性，在访谈中重点关注以下几点：（1）调研人员通过电话或微信的方式向被访谈员工简单介绍了数字化创新战略主题，避免了因为受访者对访谈内容的陌生和访谈过程中紧张状态，这样有利于提高收集资料的效率。（2）访谈的第一步，会要求受访者对数字化创新、数字化创新战略进行简单地描述，如果理解有所偏差，需要进一步解释后才能进行下一步访谈。（3）受访者回答问题时尽量提供典型案例和详细描述。（4）为保证资料的有效性和完整性，需要对访谈内容进行录音，但是需要在受访者统计的基础上进行。（5）访谈后的文本资料需要经过受访者的确认。25 个深度访谈的总时长约 20 个小时，最终整理形成 9.5 万字的访谈材料。整个访谈过程在被采访者允许的情况下进行记录。在这次接受采访的员工中，包括熟悉技术的人员（熟悉数字化技术在企业中的应用）、主管（在生产过程中从事数字化技术的商业化工作）等。

3.4.2 资料整理

对收集到的数据进行整理时，本研究严格遵循质性研究中数据收集的三角验证原则[236]，采用多种渠道和多元化方式收集整理，具体过程如下：

（1）为了确保研究目标获得的一手资料与实际情况相一致；团队对 15 家公司进行了实地考察。包括参观生产车间的数字化产品，与操作数字设备的一线员工交谈，以及参加工作会议。在案例公司允许的情况下，团队共收集了车间、数字工厂、音频、视频等资料共计 6.5G。

（2）二手资料。研究团队主要从以下 3 个方面收集二手数据：案例公司的官方网站、新闻报道和公开年度报告。研究团队通过二手资料收集了大量的企业信息。公司官方网站主要介绍其历史演变、主要业务领域等相关信息。媒体的报道包括故事、图片、视频和对公司管理者的采访，而公开的年度报告则披露了案例公司的最新信息。

　　来自不同渠道的数据收集可以有效地提高研究数据的丰富性和可靠性。来自不同渠道的数据可以进行互补，实现三角验证，以确保多源数据的一致性。

3.5　数字化创新战略关键驱动因素识别过程

3.5.1　开放式编码

　　开放式编码旨在解读所收集资料的内在本质，通过对资料进行分解和归纳，将访谈对象所描述内容逐步形成初始概念和范畴[237]。首先，将通过对制造企业受访者的采访资料全部打散，对访谈内容的逐一分解和归纳，将访谈对象所描述的内容逐步形成初始概念和范畴。然后，在不带有主观偏见和预设前提下将原始资料分解成原始语句（S1 – S169）并逐句概念化，运用 Nvivo12 软件将其编码为自由节点。初始语句存在交叉和数量繁多的特征，依据扎根理论初始概念归纳的原则进行剔除。研究团队通过对相关概念的反复讨论、提出疑问与修正，最终归纳出33 个初始范畴，开放式编码示例如表 3 – 2 所示。

表 3 – 2　　　　　　　　　　开放式编码表（部分示例）

初始范畴	原始语句（初始概念）
a1 产品形象	S3 无人驾驶技术是我们公司现在研发的重要主题，已经有部分客车已经在市里试运行。经过一段时间的运行，市民对我们公司的品牌印象逐渐与无人驾驶技术结合起来（消费者对新产品印象）

初始范畴	原始语句（初始概念）
a2 自我创新能力	S7 为了提高我们的数字化能力，我们会开展一系列数字化创新的项目（项目实验）
	S8 我们车间每周都坚持召开组内的研讨会，收集大家对生产中的创新思路，还会请技术部的专家为我们做新技术的培训（自我学习）
	S9 对于工作中遇到的问题，必须每天总结，提出解决办法（自我反思）
a3 创新精神	S13 我们的数字化创新起步很艰难，资金、新技术对公司都是很大的挑战。我们能坚持过来，最重要的是有有魄力的领导者，不光是一把手，企业的各部门管理者的不畏艰难的精神也是我们转型的后盾（管理者精神支持）
a4 对数字化创新认可度	S25 数字化技术的应用会为合作伙伴和用户带来全面的体验升级，如无人操作、智能诊断和服务等（数字化对企业的好处）
a5 对政策的理解	S17 建立一个"互联网＋"的数据平台是遵循国家"中国制造2025"政策和"行业4.0"行动指南的重要决定（紧跟国家政策）
a6 有数字化相关知识储备和项目经验	S20 我们生产部的主任对于数字化技术有相关的学习经验，而且还跟过车间数字化改造的项目，因此对于我们车间的数字化创新非常有思路（管理者经验丰富）
a7 规范型政策	S22 刚开始，公司也不知道数字化创新该怎么做，但是政府提供了支持人工智能技术创新的政策（政府引导企业）
a10 激励型政策	S40 政府有很多优惠政策，包括现金补偿和减税、引进人才、配套设施（比如工业园区的土地）。只要公司积极推广人工智能和数字化技术，就会有很多资源（政府补贴与优惠）
a13 降低成本	S45 公司的月产值超过30亿元，但每月订单成本差异已控制在平均700000元，最低金额一直低至50000元——可以节省近5.97亿元（成本控制）
a16 生产场景	S58 公司生产场景可以分为几个部分，便于数据收集和技术的部署。例如，"X视觉"技术的应用，在炉口安装了高速动态摄像机，可以辅助工人检测燃料变化情况（生产场景分段）
	S60 公司生产线特点是批量生产、标准化。这种生产模式和流程满足了数字化技术的应用需求（生产标准化）
a18 数字化学习	S67 公司也做了有关产品的问卷调查，了解顾客对公司数字化创新的建议（行业交流）
	S68 去年在沈阳的交流大会上，工信厅对数字化创新提出了规划，提出了很多细化措施（顾客反馈）
	S69 我们去上海的时候发现那里的汽车制造业的数字化发展非常好，值得公司学习（参观学习）

续表

初始范畴	原始语句（初始概念）
a19 数字化产品与服务战略	S75 根据用户的需求将他们进行分组到目标群体中，并以提出解决用户业务问题方案为目标（用户细分）
	S76 用户的问题很多，但数字化技术的创新也不可能一下全部解决，要集中关注重要的问题来解决（集中焦点）
	S80 需要明确公司数字化创新在解决用户问题中扮演的什么角色（清楚定位）
	S86 公司的数字化技术创新不仅仅是给自己创造价值，也需要考虑为其他公司创造市场价值的能力，这代表着公司在行业内的生态系统有更大的潜力……周边的产品会更支持公司（提升生态系统潜力）
	S87 通过数字化技术的创新，公司的最终目标是要占据同行业中同类产品的领先地位……这样公司就有资格成为该类产品标准的制定者（成为产品标准制定者）
	S93 公司的产品越早进入市场，越受市场欢迎，用户群体就比其他公司更有优势（获得用户群体优势）
a29 销售收入	S113 2019 年，公司生产的智能电动汽车销量高达 16608 辆，其中个人用户占比为 80%，已经成为首个造车新势力中 C 段用户最多的企业（销量提升）
a31 盈利增长	S121 企业的数字化平台带动了周边中小企业和小微企业进入了共享经济的链条，大家可以共同发展，这样整个地方的经济都会得到提升（经济带动）
a32 业绩驱动	S135 能够实现数字化创新的公司，将成为行业标杆和榜样。作为管理者，能得到政府和行业的肯定自然比经济效益更重要（管理者业绩）

3.5.2 主轴式编码

主轴式编码的主要目标是将开放式编码中获得的初始范畴进行逻辑分析，挖掘初始范畴之间的逻辑关系，并对其进行归纳提炼从而获得制造企业数字化转型的主范畴（Wang and Su，2022）[238]。例如，初始范畴"数字化产品与服务""数字化品牌战略""市场应对策略"均是制造企业数字化创新活动期间的战略决策，因而将上述初始范畴归纳为主范畴"数字化创新战略"。最终共提炼出 6 个主范畴：政策引导、市场压力、数字化资源、数字化能力、数字化创新战略、绩效，主范畴与初始范畴对应关系如表 3 - 3 所示。

表 3 - 3　　　　　　　　　　　　主轴式编码结果

主范畴	初始范畴	范畴内涵
政策引导	强制型政策	为了保证制造业的数字化健康发展，政府机构会制定一些具有约束和规范性质的政策文件，即政策的强制性。在我国数字化发展还不成熟的情况下，告诉企业应该怎么做、哪些能做、哪些不能做，为制造企业数字化创新定好框架，保障市场的稳定性
	规范型政策	为了帮助在数字化创新初期的制造企业，政府要充分发挥政策的导向性功能，具有对企业数字化创新的行为和社会发展的引导作用。规范型政策从两个方面干预市场：一是顶层目标和方向的确定；二是统一认识、协调行动
	激励型政策	政府机构对促进社会发展的数字化创新行为给予一定的支持和鼓励，并不断推广制造企业数字化创新战略的文化和精神，调动企业的积极性。政府机构会通过一些奖励因素和手段来引导制造企业向所倡导的数字化创新方向去努力
市场压力	顾客需求	随着社会和市场数字化的快速发展，消费者对所需要的产品或服务的数字化期望会越来越高。而顾客的需求是制造企业生产创新的重要依据，因此，顾客对数字化的需求会驱动制造企业开展数字化创新活动
	供应商变革	为了保持好与供应商良好的生态关系，当供应商企业发生数字化变革时，必定会影响到制造企业的原材料等的采购，企业只有做好与供应商的升级对接，才能保障原材料等的正常供应。因此，供应商的数字化行为会转化为制造企业实施数字化创新活动的行动力
	竞争企业压力	在相同的行业环境下，企业竞争对手的创新活动会对制造企业的发展战略产生重要影响。在竞争对手采取数字化的行为时，迫于对手的压力，制造企业为了保持竞争优势，或是抢占市场的机会，采取相对应的数字化创新战略
数字化资源	数据收集和管理	数据是企业的重要无形资产，也是制造企业数字化技术应用与创新的基础。因此，数据的收集，以及数据的存储和管理是制造企业数字化创新开展的前提条件
	人员教育和培训	制造企业的生产线离不开一线员工。因此，制造企业数字化创新必须重视员工的教育和培训。为员工打好基础和做好思想准备，那么数字化技术才能真正在生产中使用。如果忽略对员工的教育和培训，那么就会对企业数字化创新产生阻碍

续表

主范畴	初始范畴	范畴内涵
数字化资源	生产场景	制造企业独立分割的生产场景，为数字化技术以及创新提供了良好的环境
	生产流程	制造企业生产线的固定模式，提高数字化技术和设备的兼容性
	管理者支持	管理者支持是指企业中管理者对数字化的认知度，包括对政策的理解、对数字化的认可以及相关经验等
数字化能力	信息技术能力	制造企业的原有信息技术能力水平决定了数字化创新活动的起点，这也是不同企业数字化创新呈现差异化的主要原因
	组织协调能力	组织协调能力是指制造企业在跨部门、跨工作领域方面的统一协调和组织能力。以数据为驱动的数字化创新注定要打破业务之间的鸿沟，实现统一管理
	数字化吸收能力	指制造企业向组织外学习并吸收数字化技术、知识的能力，主要方式包括行业交流、顾客的反馈以及参观学习等
	自我创新能力	指制造企业在组织内部开展数字化自我创新活动，主要包括自我反思、项目试验、自我探索等
数字化创新战略	数字化产品与服务	在数字化市场中，消费者的购买决策是依据制造企业可持续提供产品或服务的能力。消费者会倾向于最可能主导市场的企业购买数字化产品或服务
	数字化品牌战略	制造企业的数字化品牌传播了未来方向的愿景，这对大多数消费者是非常重要的。品牌影响力不仅能激励企业，还能对数字化产品与服务周边更广阔的生态系统注入各种协同效应
	市场应对策略	制造业转型初期存在诸多不可控的市场波动因素，制造企业需要具有应对市场混乱、转型以及转折点的各种变化策略，进而获得竞争优势
绩效	经济绩效	经济绩效是由制造企业数字化资源分配和利用的效率所决定的
	创新绩效	制造企业的数字化创新绩效是在采用数字化技术后，企业对应的增值
	数字化形象	制造企业数字化形象是指社会大众和内部员工对其数字化创新产生的整体评价

3.5.3　选择式编码

选择式编码的本质是从主范畴中浓缩出核心范畴，并且进一步对初始范畴、主范畴和核心范畴之间的联系进行探讨分析，以"故事线"方式整体描述行为现象，从而发展出理论框架[239]。本研究主范畴的关系结构如表3-4所示，通过对原始资料与编码结果对比发现，6个主范畴表示了本研究中访谈资料的不同特征，缺一不可。最终，本研究将核心范畴确定为制造企业数字化创新战略的驱动效应。

表3-4　　　　　　　　　主范畴的关系结构示例

关系结构	内涵
政策引导—数字化创新战略	政策引导、市场压力是驱动制造企业数字化创新战略的外部环境因素
市场压力—数字化创新战略	
数字化资源—数字化创新战略	数字化资源和数字化能力是驱动制造企业数字化创新战略的内部环境因素
数字化能力—数字化创新战略	
数字化创新战略—企业绩效	数字化创新战略是提高制造企业数字化绩效的过程因素
政策引导—数字化创新战略—绩效	良好的外部环境可能会通过驱动数字化创新战略进而提高企业制造企业绩效
市场压力—数字化创新战略—绩效	
数字化资源—数字化创新战略—绩效	数字化资源和能力的合理分配和利用可能会通过驱动数字化创新战略进而提高制造企业绩效
数字化能力—数字化创新战略—绩效	
数字化创新战略—数字化能力—绩效	数字化创新战略通过数字化能力来提升企业绩效
数字化创新战略—数字化形象—绩效	数字化创新战略通过数字化形象来提升企业绩效

围绕"制造企业数字化创新战略的驱动效应"，故事线概括为：在企业转型期，政策引导、市场压力、数字化资源、数字化能力等要素能单独或共同驱动制造企业数字化创新战略的实施，其中，政策引导和市场压力是外部驱动要素；数字化资源和数字化能力是内部驱动要素；数

字化创新战略是过程要素，绩效是创新战略的结果要素。制造企业数字化创新战略关键驱动因素的结构关系如图 3 – 3 所示。

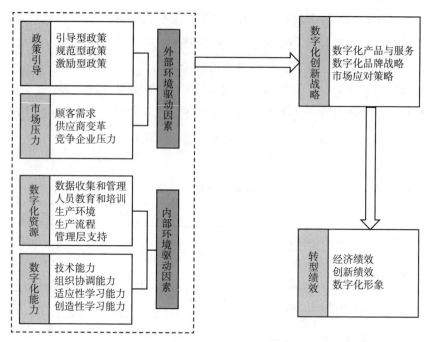

图 3 – 3　制造企业数字化创新战略关键驱动因素的结构关系

3.5.4　理论饱和度检验

理论饱和是指从现有数据中归纳出的初始概念、初始范畴、主范畴和核心范畴以及关系足以阐释面向绩效的制造企业数字化创新战略驱动效应，而对于从新数据中通过编码没有再出现新的概念、范畴以及关系[240]。本书从 5 个检验组样本企业检验所构建模型的理论饱和度。最后，将编码后的结果在 Nvivo12 中进行全局搜索。结果表明，面向绩效的制造企业数字化创新战略驱动效应仍在本研究已获得的核心范畴内，未编码出新的概念、范畴以及关系。因此，本文所得出的驱动模型已达到理论饱和度。

3.6 面向企业绩效的数字化创新战略 关键驱动因素与理论逻辑

由于目前研究对于制造企业数字化创新战略的关键驱动要素尚未形成一个统一的框架，本研究基于扎根理论植根于制造企业数字化创新的国内现实情境，首先是通过开放式编码识别出面向绩效的制造企业数字化创新机理的 32 个关键范畴，并结合文献综述和基础理论的分析结论对关键范畴进行定义。其次是通过主轴式编码将 32 个关键范畴进行梳理归纳，得出政策引导、市场压力、数字化资源、数字化能力、数字化创新战略和绩效 6 个主范畴，政策引导包括强制型政策、规范型政策、激励型政策 3 个初始范畴，市场压力包括顾客需求、供应商变革、竞争企业压力 3 个初始范畴，数字化资源包括数据收集和管理、人员教育和培训、管理者支持、生产场景和流程 5 个初始范畴，数字化能力包括信息技术能力、统筹协调能力、数字化吸收能力、自我创新能力 4 个初始范畴，数字化创新战略包括数字化产品与服务战略、数字化品牌战略、市场应对策略 3 个初始范畴，绩效包括经济绩效、创新绩效、数字化形象 3 个初始范畴。最后是通过选择式编码确定主范畴之间的关联与故事线，构建面向绩效的制造企业数字化创新机理理论框架。在理论框架中，从战略管理理论的整体视角将政策引导、市场压力定义为数字化创新战略的外部环境驱动因素，将数字化资源和数字化能力定义为数字化创新战略的内部环境驱动因素，将数字化创新战略定义为数字化创新的过程要素，将绩效定义为数字化创新的结果因素。本研究将调研材料和相关文献相结合，进一步深入分析制造企业数字化创新战略的驱动因素和逻辑关系。

3.6.1 制造企业数字化创新战略的政策引导

政府干预是我国市场经济发展的重要调控手段。在数字化创新的新兴市场，政府通过宏观调控对制造企业的数字化创新活动提出强制型、规范型和激励型的政策建议，保障其长期持续、健康、稳定地发展，对促进制造企业数字化创新，加快我国制造业转型升级具有十分重要的意义。基于制造企业数字化创新战略的关键驱动因素识别结果，可得出政策引导类要素（强制型政策、规范型政策和激励型政策）为制造企业数字化创新战略提供了目标和支持，是制造企业数字化创新战略的外部环境驱动因素。

在制造业转型升级的探索阶段，国家以及地方政府需要为企业提供良好的政策环境[241]。

（1）政府机构需要告诉企业"什么是应该做的"，即为制造企业搭建数字化创新的政策框架，从宏观视角把握好制造业整体的数字化创新道路。指引制造企业的数字化创新朝着对经济可持续发展有利的方向努力。"在迈出数字化创新第一步之前，必须了解国家的相关制度，避免触碰底线"（S2），卢强等（2022）[242]认为政策对企业数字化创新有积极的驱动作用。随着数字化创新的政策环境的变化，政策会通过促进市场化进程、企业社会责任落实和媒体关注度，从而规范和监督企业的数字化创新方向。

（2）政府及相关机构应该告诉企业"应该怎样做"，"制造业的数字化创新成果和经验还不够丰富，企业的战略制定会主要依靠国家的政策和自身特点"（S15）。由于我国制造业数字化转型仍处于探索阶段，企业从稳定发展视角考虑，对于创新战略的制定会趋于保守。而政策对企业转型升级的引导，对促进数字化创新战略显得尤为重要。曾皓（2022）[243]认为规范型政策会促进制造企业的数字化创新活动，而且规范型政策对周边资源丰富、创新能力突出的企业促进作用更明显。而且政策的引导对企业周边区域具有正向的扩散效应，会联动促进周边企业的数字化创新活动。

（3）在国际工业4.0和国内碳中和的双重环境压力下，政府机构的政策环境需要能够调动制造企业的积极性。"企业转型的任务很重，还好我们对政府的优惠政策反应迅速，有了税收和贷款等方面优惠的支持，企业的数字化创新就有了更大的动力"（S16）。陈和等（2022）[244] 认为政府的补贴政策对制造企业数字化创新有显著的激励作用。实证研究详细证明了政府的财政补贴通过缓解融资约束、加大研发投入对企业数字化创新战略起到促进作用，而且对于国有和技术密集型企业，政府的激励政策更加明显。

3.6.2 制造企业数字化创新战略的市场压力

市场是决定企业发展的最主要因素之一，也是承载企业发展主要的载体，企业所有的经营活动都要在市场环境下进行。制造企业的数字化创新活动同样离不开市场环境的影响。我国制造业的数字化发展比发达国家起步较晚，相对应的市场环境仍不成熟，制造企业数字化创新的利益相关显得尤为重要。基于制造企业数字化创新战略关键驱动因素识别结果，可以得出市场压力类要素（顾客需求、供应商变革和竞争企业压力）给制造企业数字化创新战略产生了压力，是制造企业数字化创新战略的外部环境驱动因素。

在数字化探索阶段，技术要求高、研发成本大、投资周期长是制造企业开展数字化创新公认的障碍因素，会扩大制造企业转型升级的风险。因此，企业要想实现数字化的突破式创新，必须加强与利益相关者的生态合作，尤其要关注供应链上下游的合作企业[245]。

（1）随着数字经济环境的快速发展，制造企业顾客的数字化需求也在逐渐扩大，作为企业产品与服务的直接承受者，其在制造企业数字化创新战略的制定与决策中的作用至关重要。"数字消费兴起，顾客对于产品和服务的个性化、数字化需求越来越高，这对我们制造企业的产品和服务要求又提高了"（S18）。余菲菲和王丽婷（2022）[246] 在研究我国制造企业数字化创新路径过程中指出，顾客的个性化需求是探索创新路径的核心导向。

（2）供应商作为制造企业原材料、设备等的主要来源，其数字化方面的创新和变革行为都会对制造企业产生关联效应，制造企业为了加强与上游企业的紧密联系，会采取相对应的战略行为。"供应商选择比较多，可以从下游企业中选择数字化创新能力高的企业进行合作，同时也可以随时终止对低声誉企业的供应"（S22）。因此，供应商的变革需求会对制造企业产生倒逼效应，促进数字化创新活动[247]。

（3）在战略管理理论中，竞争对手是重要的考量因素。制造企业在数字化创新过程中，需要考虑行业内竞争者对其战略决策的影响。"目前数字经济发展迅猛，国内外的制造业都在加速转型，同行竞争对手都在加快自身的数字化进程，这种形势对我们产生了很大的竞争压力"（S26）。武常岐等（2022）[248]认为在制造企业进行数字转化的过程中，对企业竞争战略选择的主要影响因素是竞争对手的行为。

3.6.3 制造企业数字化创新战略的数字化资源

充足的数字化资源是制造企业开展数字化创新活动的基础，不仅为制造企业提供数字化相关的物质支持，同时也有利于制造企业在整理角度上进行资源合理配置，减少资源冗余，提升资源的跨部门共享，进而促进制造企业数字化创新战略。面对国内制造业产能过剩的局面，数字化创新可以有效地帮助制造企业降低资源浪费，加快企业转型升级的步伐。基于制造企业数字化创新战略关键驱动因素识别结果，可以得出数字化资源类要素（数据收集与管理、员工教育和培训、管理者支持、生产场景和流程）为制造企业数字化创新战略提供基础支持，是制造企业数字化创新战略的内部环境驱动因素。

（1）数据是信息技术和企业业务结合的产物，是制造企业数字化创新的核心资源。"当前企业资源优化配置的科学性、实时性和有效性来自正确的数据以及对数据这一生产要素的有力把握，并以正确的方式传递给人和机器"（S74）。数据价值体现不同于传统的生产要素，它不能直接生产，但可以融入劳动、资本、技术等每个单一要素，提升传统生产要素的价值。可见，数据是制造企业的新型资源要素。而深度学习和大数据等数字化技术应用依赖于大量的现有数据，因此在制造企业数字化创新开始之前，需要做好数据的充分准备（张明超等，2021）[249]。首先是数据的收集工作。我国制造企业的信息化发展在不断成熟，虽然各业务之间还存在数据鸿沟，但固定的生产模式和稳定的生产流程降低了数据收集的难度[250]。其次是数据的管理。数据需要有稳定的数据库和服务器进行存储和管理，这样才能保证数据与数字化技术结合应用的效率。

（2）除了数据驱动，人力资源也是制造企业数字化创新中的重要因素。在资源基础理论中，制造企业数字化创新的人力资源会涉及管理者和普通员工两个层面。在管理者层面上，"当经理提供强有力的支持时，企业才会被激励去进行数字化创新"（S21），管理者的支持和期望是制造企业实施数字化转型的重要数字化资源[251]。首先，"管理者需要经常关注国家和行业有关数字化创新的政策"（S41），把握整个行业的数字化创新背景和方向；其次，"领导有责任感的同时，也需要业绩支撑"（S53），这是管理者带领企业员工实现数字化创新的内在驱动力；最后，"只有领导懂数字化技术，企业才知道怎么开展创新"（S128），管理者对数字化技术的认知程度，对企业能否实现数字化转型至关重要。

（3）管理者对数字化创新的支持是制造企业的精神动力，支撑着数字化创新的全过程。但同样也需要全体员工的相互配合[252]。"往往一线员工是企业数字化创新活动面临的重要阻力"（S90），主要因为"工人们对数字化技术陌生"（S109）和"企业前期对数字化创新的宣传不力（S61）"。因此，制造企业数字化创新需要重视对一线员工的数字化知识的普及和思想教育工作。

（4）我国制造业成熟的生产场景和稳定的生产流程满足了数字化技术应用与创新的要求，再加上制造企业试图通过新的生产模式解决当前成本上升的困境，从而促进了以技术为主导的数字化创新活动。从技术要素视角分析，制造企业生产场景和生产流程的优势为数字化创新提供了基础环境，是促进制造企业数字化创新战略成功的驱动要素。首先，影响数字化技术应用与创新的是生产场景。制造企业的生产场景大多可以分为几个部分，这种模式便于数据的收集和数字化技术的部署。虽然，数字化创新活动对于企业是一个长期的过程，但现有的部分数字化技术完全可以适应当前制造企业生产场景[253]。例如，"人工智能视觉算法非常适用于监测炉中原材料变化，及时提醒工人补充材料"（S72），我国制造企业的生产场景可以为数字化技术提供良好的环境。然后，制造过程越稳定，工人就越容易接受改进的工作流程[254]。"工人习惯于重复劳动，很少关注流程变化"（S28），数字化技术的应用涉及一个和多个环节，稳定的生产流程具有独立性，某个环节的改进不会影响到其他环节，工人更容易理解改进的流程[255]。"一旦他们掌握了新技术，就可以处理很多经常困扰工人们的复杂问题"（S107），因此，数字化技术也可以帮助工人解决工作难题。

3.6.4　制造企业数字化创新战略的数字化能力

根据资源基础理论，组织能力与制造企业创新战略间存在正向关系。在能力受限的情况下，制造企业更倾向于将仅有的资源和能力分配到成功率高、回报快的项目，而数字化创新战略在周期上的特点，决定了数字化创新活动不会得到企业内资源和能力的优先分配权。面临全球竞争局势紧张的现状，不仅要关注数字化资源对竞争优势获取的主导作用，更要关注数字化能力对竞争优势可持续性的重要性。基于制造企业数字化创新战略关键驱动因素识别结果，可以得出为制造企业数字化创新战略提供基础保障的是数字化能力类要素（信息技术能力、自我创新能力、协调能力以及数字化吸收能力），并且数字化能力类要素也是制造企业数字化创新战略的内部环境驱动因素。

（1）信息技术能力是指企业发展过程中日渐积累的内生化知识和技能。这些技能往往通过企业员工、设备、信息等对象，来支持企业的技术创新活动。因此，制造企业的数字化创新活动也离不开信息技术能力的支持。制造企业可以根据自身信息技术能力优势来有针对性地制定数字化创新战略。"我们很早就开始注重培养自己的研发团队，成熟的研发团队能大幅度提升企业的创新能力，也能够支持数字化创新"（S110）。除了研发团队，企业信息技术能力的体现在多个方面，如先进的生产设备、成熟的信息管理系统等，它是制造企业通过创新和发展不断自我消化的知识和技能。由于不同企业成长经历的不同，信息技术能力也呈现差异化的表现。因此，信息技术能力作为制造企业数字化创新的基础技术支撑，会驱动企业制定个性化的数字化创新战略，进而呈现不同的创新路径[256]。

（2）组织协调能力。数字化创新活动需要对企业各业务方面的资源、知识进行整合和分配，组织的协调能力是跨部门进行资源整合的必不可少的。王玉等（2021）[257]认为组织协调不仅是企业内知识和资源共享的重要机制，还可以通过在数字化创新过程中，与外界的相互协作而使企业获得更多的、更丰富的资源要素。

（3）企业创新的过程需要不断吸纳和学习当前组织以外的知识和经验，以提升自身的创新能力。数字化吸收能力主要关注对相关领域已经存在的数字化知识、成功经验以及技术应用等进行学习和吸收，提升企业数字化创新能力。数字化吸收能力主要从所在行业中企业之间的学习交流、参观学习转型成功企业以及收集顾客反馈建议三个方面来获取数字化相关知识。

（4）除了外部经验和知识外，企业还可以从组织内部进行自我挖掘，来提升数字化能力。自我创新能力是以企业自身环境为基础，通过自主探索、项目试验、投资尝试、自我反思等学习方式，建立属于企业自身的数字化知识库，以此提升企业数字化创新能力，同时也改善了产品与服务质量。

3.6.5 制造企业数字化创新的过程因素——数字化创新战略

众所周知，制造企业在进行数字化创新的过程中，政策引导、市场压力、数字化资源和能力是数字化创新战略的关键驱动因素。"制造企业数字化创新不是一蹴而就，是一场持久战"（S133）。制造企业的数字化创新需要做好战略的制定和管理[258]。本研究的数字化创新战略涉及制造企业数字化创新过程中具体的工作要求和方向，主要包括数字化产品与服务战略、数字化品牌战略和市场应对策略。

（1）数字化产品与服务是指通过数字化创新为消费者、合作伙伴、供应商以及投资者等创造价值的能力。数字化产品与服务可以为利益相关者创造更多附加价值，形成以制造企业为中心的周边生态系统[259]。要打造好企业的数字化产品与服务，必须做好以下三点：一是"发展与消费者高度相关的价值主张"（S19），主要有用户细分、集中焦点等策略；二是"建立与周边生态系统互补的数字产品与服务"（S48），需要清楚自身定位、提升生态系统潜力和获得周边产品支持；三是"在所处产业成为领导者"（S119），企业应该保证数字化技术的领先地位，才能成为产品标准制定者和获得用户群体优势。

（2）当数字化发展成熟，技术应用普及各类市场后，赢得顾客和维系顾客忠诚度的关键要素就是企业数字化创新后的品牌效应。数字化品牌战略有助于客户理解企业的数字化发展以及对解决顾客问题的影响[260]。值得关注的是，"每个企业的品牌都有自己的'性格'，但这些'性格'与公司顾客的需求毫不相干"（S55），因此，企业要免除品牌性格的干扰；当然，企业的数字化品牌也需要第三方的支持，即企业要鼓励数字化品牌的延伸，"就像共享商标，或是开放营销渠道"（S49）。除此之外，数字化品牌还需要有效传播来表达企业转型的愿景：一是传播企业的数字化价值体系。"顾客的认知会因为每次与企业愉快的互动而强化"（S38），这种积极的经验有利于提升企业数字化品牌的整合力；二是鼓励企业 CEO 专注于数字化领域，"通过公开演讲、个案研讨、著书立说和研究报告等方式提供思想领导力"（S84），扩大 CEO 的数字化效应。

（3）市场应对策略是指应对市场的混乱、转型及转折点，并且为增强企业的竞争力的一种措施。在多元化大环境下，拥有全面综合的市场应对策略的公司才有快速应对各种变化的能力[261]。数字经济的市场是变化莫测的，"消费者对数字化的产品与服务的功能定期提升的情况习以为常"（S98）。所以，作为市场的跟随者是完全不够的，而是要成为展现出带领市场转变的领导者。首先，要了解客户的期望。"要有市场先锋的企业理念，能精准地反映出顾客的期盼"（S104），以客户需求为核心，做好数字化创新的里程碑；除此以外，制造企业要敢于承担市场风险。"公司过于保守是永远无法获取市场的新机会"（S32），数字化转型需要大胆地作出积极的市场预判；做好上述准备后，企业要能快速对市场新机会作出反应。"别让产品和服务停滞不前"（S10），在数字化创新过程中，牢牢抓住客户的需求，通过产品和服务的不断创新，领导市场转型的步调。

3.6.6　制造企业数字化创新的结果因素——企业绩效

已有研究表明，制造企业数字化创新的表现形式和转型升级的动机有关，以社会发展为导向的制造企业更关注企业组织内外的成长，而非利润最大化[262]。本研究制造企业数字化创新的表现形式除了经济绩效，还有创新绩效和数字化形象。

（1）经济绩效是制造企业数字化创新的基本表现[263]。本研究发现，企业的数字化转型在节约成本、提升销量等方面有很大的贡献。通过数字化创新战略的实施，一方面可以提高数字化资源的利用率，进而降低原材料和劳动力成本，另一方面也可以帮助制造企业获得额外的销量和利润来源，进而提升企业绩效。

（2）创新绩效是制造企业数字化创新的内在提升的表现。制造企业数字化创新战略的实施会对创新水平产生直接影响，战略管理视角将创新水平视为制造企业的核心竞争优势，因此有必要关注制造企业数字化创新战略对创新绩效的作用。

（3）数字化形象是制造企业数字化转型成功的增值表现。其中，企业文化创新有利于提升企业凝聚力，品牌数字化有利于提升消费者忠诚度，都属于企业组织内部的成长表现；社会声誉属于企业转型成功后的外在成长表现，社会文化效益较高的制造企业将被视为对社会负责的企业，不仅有利于激励组织、获得政府扶持，而且"企业社会声誉的提升对于企业的长远发展具有更重要的意义"（S64）。

3.6.7　逻辑关系阐释

本研究基于扎根理论，构建了面向绩效的制造企业数字化创新战略的驱动理论框架。如图 3-4 所示，涉及内外环境驱动要素（政策、市场、资源和能力）、过程要素（数字化创新战略）和结果要素（企业绩效）等关键要素。理论框架既整合了现有不同视角的制造企业数字化创新理论成果，也包含了新发现的关键要素和逻辑关系。

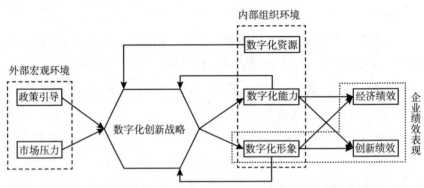

图 3-4　制造企业数字化创新战略作用机理及逻辑关系图

（1）内外环境的关键因素既能直接驱动制造企业数字化创新战略，又能通过数字化战略间接作用于绩效。例如，"为了获得客户的忠诚度，企业的数字化创新战略需要满足消费者的需求，进而提升企业的竞争优势"（S70），可以解释为：消费者需求—数字化产品与服务战略—提升竞争力。

（2）管理者支持作为制造企业数字化创新的内部驱动因素，能够单独对制造企业数字化创新战略产生影响，也可以和其他驱动因素相互叠加产生积极效应。管理者是一切企业活动的领航员，制造企业数字化创新的每一环节都离不开管理者的支持[264]。管理者要关注生产环境中技术应用情况，及时疏导一线员工的负面心理，时刻关注政府政策以及行业的变动；在数字化创新过程中，管理者需要根据实际情况合理地调整战略。除此之外，他们更需要关注驱动机制与过程机制的协调性，从整体视角保证制造企业数字化创新的稳定性[265]。

（3）数字化创新战略、数字化能力具有动态的循环促进作用。随着数字化创新战略的不断深化开展，其相应的能力也随之不断增强，并且数字化能力已经成为数字化创新战略的关键驱动因素，数字化能力的改变自然也会带来战略的改变。因此，数字化能力与数字化创新战略的动态循环作用必然会带来企业绩效的影响。数字化能力既作为数字化创新战略的驱动要素，又作为过程要素，对数字化创新战略的作用机理研究非常关键。

（4）数字化形象是数字化创新战略与企业绩效的重要解释路径。数字化形象既是企业重要数字化无形资产要素，又是企业开展数字化创新的重要成果表现。从组织要素视角来看，数字化形象与数字化创新战略存在互动关系，从绩效表现来看，数字化形象是外界和企业内部利益相关主体对企业数字化创新的综合评价，在一定程度上进一步提升了企业的绩效表现，因此，数字化形象对企业的绩效也存在紧密联系。

3.7 本章小结

本章采用扎根理论方法，对制造企业数字化创新战略的关键驱动因素、驱动效应及对企业绩效的影响进行了探索和分析。这厘清了制造企业数字化创新战略的关键驱动因素及驱动逻辑，以及数字化创新战略与制造企业绩效的逻辑关系，并构建了制造企业数字化创新战略作用机理的理论框架，具体来看：（1）制造企业数字化创新战略的关键驱动因素具体包括：政策引导、市场压力、数字化资源、数字化能力四个维度的内容。管理者支持作为制造企业数字化创新的核心资源，具有数字化的特质；（2）管理者支持既可以对制造企业数字化创新战略的选择与实施产生直接的影响，也可以发挥个体特质，通过利用企业内外环境对制造企业数字化创新战略的选择与实施产生间接影响；（3）数字化创新战略的实施对制造业企业的经济发展和创新优势都有着一定的积极作用，且数字化形象和数字化能力与数字化创新战略之间存在动态循环上升的机制，即二者不仅在数字化创新战略驱动效应中起到关键作用，还是数字化创新战略与企业绩效的关系中的重要因素。

第 **4** 章

关键驱动因素、数字化创新战略 及企业绩效的理论模型与假设推演

研究的第 3 章主要通过质性研究归纳了制造企业数字化创新战略的关键驱动因素和驱动效应，以及数字化创新战略对企业绩效的影响的理论研究框架。本章结合实质性研究结果和文献研究，从"环境—战略—绩效"的研究框架出发，构建制造企业数字化创新战略的作用机理理论模型，探讨制造企业数字化创新战略的内在路径，并提出关键驱动因素、数字化创新战略与企业绩效三者的相关假设。如图 4-1 所示，制造企业数字化创新战略作用机理模型主要包括两大模块：第一，构建制造企业数字化创新战略的驱动效应模型，并对数字化创新战略的驱动效应以及管理者的调节作用进行假设推演；第二，构建"数字化创新战略—数

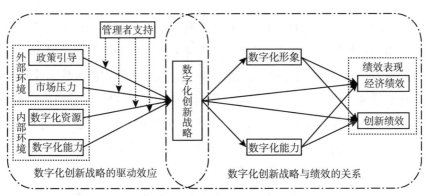

图 4-1　制造企业数字化创新战略作用机理的理论模型

字化形象、数字化能力—企业绩效"中介模型，对数字化创新战略与绩效的作用机理进行假设推演。

4.1 数字化创新战略驱动效应的理论模型

根据第 3 章对数字化创新战略关键驱动要素的识别可知，制造企业数字化创新战略的决策与规划需要内外环境的整合驱动，与此同时管理者对数字化创新的支持在数字化创新过程中对战略决策起到了关键的作用。企业战略关系到其未来的发展目标和决策规划，因此需要从整体视角考虑制造企业数字化创新战略决策的多方面因素。在考虑政治、经济、市场等外部环境因素的同时，更需要关注企业内部的组织结构、人力、文化等环境因素。而管理者对数字化创新的认知和支持关系到各类驱动因素对数字化创新战略决策与规划的作用，因此从整体视角来看管理者的支持对数字化创新战略的影响是不可忽视的因素。战略管理理论认为，企业战略决策是客观环境和管理者主观意识共同作用的结果，同时管理者的主观意识可以推动战略决策随着环境的变化而进行动态的适应性调整。这一理论基础为制造企业数字化创新战略的驱动效应提供了模型构建的基础，也为数字化创新战略的决策与规划提供了科学的理论框架。

战略管理理论认为，企业需要随着环境的变化对战略作出相应的调整。而企业管理者是战略适应性变革的主导者，管理者需要统筹考虑内外环境的特点，全面掌握环境改变的频率、变化之间的差异性以及环境变化的程度，以此保证企业战略变革与环境变化保持同步。管理者也属于企业的重要异质性资源，战略管理理论视角探讨企业管理者对内外环境与战略变革的关系，拓展了组织理论对企业环境的见解。企业管理者、环境以及二者的关系已经形成企业战略实施与决策的网络关系。

从数字化创新的视角来分析，制造企业数字化创新战略的驱动效应也遵循上述战略管理理论中的关系。

首先从管理者层面分析。管理者对数字化创新的认知和态度决定了制造企业数字化战略的目标和方向。管理者将数字化创新视为制造企业新的机遇，则倾向于积极调动企业内外资源开展数字化创新战略的决策与规划；但如果将数字化创新视为对制造企业的高风险项目，管理者会持保守的态度，进而阻碍或否定数字化创新战略的开展。因此，管理者作为战略决策的顶层设计角色，其自身的经验与背景、对数字化价值观的认识以及重视程度都能对数字化创新战略实施产生一定的影响。

其次是从企业环境层面分析。企业战略决策受到特定环境的约束，这些环境包括外部和内部环境。我国制造企业数字化创新外部环境受国家宏观政策和市场竞争环境的影响，具有持续动态、高度不确定等特征；而制造企业数字化创新的内部环境受资源和能力的影响，由于数字化创新前期投资成本高、周期长、风险大等特点，在组织内部对资源和能力的分配是有限的；从整体视角来看，在内外环境双重作用下，企业不仅面临制度和竞争压力，还会因为组织条件受限。因此，外部环境和内部环境均是制造企业数字化创新战略的重要驱动力量。

最后是管理者和环境的关系，二者是相互动态影响的。管理者对数字化的认知和态度会直接影响企业内外部环境与数字化创新战略的驱动效应。支持和了解数字化创新的管理者会深刻理解外部环境的驱动和压力并积极响应，充分调动内部资源和能力，反之则会受到外部压力和内部约束的双重制约；而从资源基础理论来讲，管理者作为组织内部重要资源，会随着企业数字化创新过程不断吸收和学习外部经验，不断内化和提升自身的数字化水平。通过管理者和环境的动态循环的作用关系，推动制造企业数字化创新战略持续的变革。因此，管理者与环境的关系对制造企业数字化创新战略决策起着很重要的作用。

基于上述分析，制造企业数字化创新战略的驱动效应可以从管理层、企业内外环境、管理层与环境的关系三方面进行界定，对应的变量分别为：管理者支持、外部环境（政策引导、市场压力）、内部环境（数字化资源和能力）、管理者支持对内外部环境的调节作用。基于此，本研究构建了制造企业数字化创新战略驱动效应的理论模型，如图 4-2 所示。

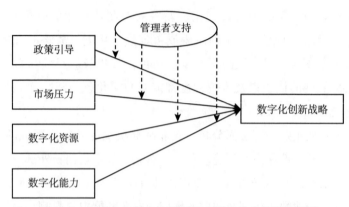

图 4-2　制造企业数字化创新战略驱动效应的理论模型

4.2　数字化创新战略驱动效应的假设推演

4.2.1　政策引导与数字化创新战略

目前从政策的角度来看，大部分来源于政府颁布的一系列相关制度。根据数字化创新战略所具备的独特性，即"双重外部性"能够发现，制造业企业在进行数字化创新过程中积极性不高，因此政府颁布了相关规定并且实施了数字化相关的规章制度影响企业数字化创新战略的决策[266]。

首先，数字化相关规章制度的强制性，即政府通过相关规划来规范制造企业的生产经营行为，保障企业在合理合法范围内开展数字化创新战略决策与规划[267]；其次是数字化相关规章制度的引导性，即规章制度通过建立行业设备设施标准、相关数据标准、应用技术标准等引导企业的部分行为和动机，为了实现行业的需求对企业的制度以及行为进行一系列的完善和优化[268]；最后，企业在进行数字化创新的实施过程中，政府应给予一定的优惠政策或者财政补贴等行为以此来提高企业的积极性，并且对企业所投入的成本和资源进行一定程度的承担，与此同时，增加行业内数字化相关的知识和技术，从而将数字化创新的潜在风险降到最低[269]。

众所周知，制造业企业进行数字化创新的实施其本质动力来源于政府对其颁布的各项政策和制度。窦等（Dou et al.）[270]指出，政府数字化制度的干预，有利于提高企业对于数字化创新战略的倾向性。张等（Zhang et al.）[271]研究表明，与强制型、规范型的数字化规章制度相比，激励型规章制度相比其他强制型以及规范型的规章制度对制造业企业的数字化创新策略的实施程度影响更大。因此，提出以下假设：

H1：政策引导对数字化创新战略具有显著的驱动作用。

4.2.2 市场压力与数字化创新战略

根据国内目前的企业对数字化创新的工作来看，其仍然处于萌芽阶段，一方面缺乏相应的政策支持，另一方面政府对市场的监管也存在一定的漏洞，从现在的市场来看，市场压力主要来自消费者、竞争者以及供应商三方面对企业数字化创新策略实施的高度关注[272]。

从企业的角度来看，更倾向于和消费者之间存在高度的相关性，消费者对数字化产品的期望值从一定程度上影响着制造业企业对数字化创新战略的实施。数字经济的发展已经势不可挡，更多的消费者愿意为数字化程度更高的产品买单[273]。企业的产品与服务以解决目标顾客的关键问题而进行数字化创新（研发数据中台、搭建生产线智能监控等），一方面满足了消费者的诉求，另一方面也为企业的数字化形象打造提供了基石，从而形成企业的数字化竞争优势[274]。而且，消费者对数字化产品和服务的期望越高，对企业的依赖性也就越大，从而冲淡了对企业的其他顾虑，帮助企业增强数字化创新战略的进一步实施。

从供应商的角度来看，当供应商越关注数字化创新，就越会利用其供应链组织能力对下游的企业进行战略筛选。由于供应商在供应链中处于上游地位，可以为制造企业提供原料、设备等资源，有利于企业进行数字化创新活动。制造企业如果想降低企业数字化创新的成本和资源投入，也可以选择和供应商进行合作，从而实现成本和资源投入降低的目的。但是，如果企业不能为合作者创造更多的附加价值，供应商有权停止提供资源[275]。

企业希望通过数字化创新提升自己的竞争优势，从而成为该品类的主导者。在创新过程中，竞争者的数字化创新活动会对企业造成一定的压力。企业为了与竞争者争夺资源和市场，获得更多的消费群体和政府资源的青睐，会采取更为合适的数字化创新实施战略[276]。从目前数字化创业的市场环境下可以看出，企业如果想要降低数字化创新的成本和资源，可以采取将创新技术以及相关知识进行转让从而获得收益。

从市场的角度来看，市场压力的产生主要是由于企业在实施数字化创新战略过程中能够直接得到经济收益以及竞争能力。学者安格等（Ngo et al.）[277]表示，当企业进行创新活动的实施时，并非简单地开展活动，而是需要结合政府的相关政策，并且将市场作为导向而实施。陈等（Chen et al.）[278]指出，在数字化的新兴市场中，市场的压力对于企业的数字化创新活动影响更为显著。由此我们提出以下假设：

H2：市场压力对数字化创新战略具有显著的驱动作用。

4.2.3　数字化资源与数字化创新战略

根据资源基础理论可知，在企业数字化创新过程中其绩效和竞争能力的增强，一方面会受到部分外部环境的引导和压力影响，另一方面组织内部的异质性资源和能力也是其重要的源泉。制造业企业在进行数字化创新时，其生产车间的数字化资源对于实施创新提供了重要的数字支撑。

制造企业非常适合在生产实践中实施数字化技术，这得益于制造业内广泛的生产场景。传统制造业具有批量生产、标准化和重资产等特点，成熟的生产场景和流程满足了数字化技术应用的要求，从而促进了制造企业以数字化技术为核心的创新战略的选择[279]。一方面，制造企业生产场景的分段程度决定了数字化技术创新程度。一般生产场景都分为几个部分，这有利于前期的参数收集和部署数字化技术，也是企业开展数字化创新活动的前提。例如，产品全生命周期贯穿研发、采购、制造、物流、市场和售后等环节，利用智能工业平台建立全流程协同管理模式，实现全面数字化质量管理闭环[280]。另一方面，制造企业生产过程的稳定性。首先，每条生产线都有严格的分割，保障了生产过程中的某一个环节的变化不会影响到其他环节，这一特点为数字化技术的应用提供了稳定的环境；其次，对于生产线上每一个环节都有操作规范和工作标准，有利于数字化创新活动有针对性地开展。因此，生产过程越稳定，员工越容易理解和实施优化过的生产流程[281]。许多研究论证了生产环境与数字化创新战略的关系。哈吉等（Haghi et al.）[282]从质量管理角度提出，生产过程中关键参数收集是数字化创新战略的重要环节。佩希等（Pech et al.）[283]实证得出数字化技术对于企业生产定制战略的重要性，而企业的内部因素在应用新技术和数字化定制战略中起到了至关重要的中介作用。Wei 等[284]指出，生产环境数字化对制造业绿色生产流程创新会产生积极影响，而且这种影响会通过横向信息共享和技术模块化得到加强。

为保证企业资源合理配置，需要统一协调。当制造企业生产环境发生变化时，组织环境同样需要进行调整和改变[285]。而在信息化快速发展的时代，组织变革中数字化技术应用与创新的需求是驱动数字化创新的关键。一方面，数据是制造企业数字化创新的核心资产。基于深度学习和大数据等的数字化技术应用依赖于大量的现有数据，因此数据准备的充分性决定了数字化创新的难易程度。中国制造业的机械化和固化的生产模式为数据收集提供了良好基础[286]。例如，在生产设备上安装传感器收集实时数据是数字化创新战略的第一步，然后就是准备好存储和管理数据的数据库。因此，数据收集是数字化创新战略的重要前提。另一方面，制造企业数字化创新的目标之一就是资源合理配置，而人力资源尤为重要。作为以生产为主的制造企业，往往一线员工是企业数字化创新面临的重要因素，主要因为一线工人对数字化技术的不了解[287]。因此，制造企业数字化创新需要重视对一线员工的数字化知识的普及和思想教育工作。斯克莱尔等（Sklyar et al.）[288]认为除了与数字化相关的新技术与工具外，企业的数字化创新战略还需要组织变革的支撑。而且一致的数据质量、网络安全和人力资源是驱动组织变革的重要因素。陈等（Zhen et al.）[289]指出企业组织变革的需求是促进数字化的重要因素，而且，组织稳健性在企业数字化能力和数字化创新中间起到了中介的作用。韦塞尔等（Wessel et al.）[290]从企业价值主张视角，解释了企业的数字化创新是重新定义价值主张，而组织转型是利用 IT 技术来支持价值主张的。因此，利用 IT 技术的组织转型是制造企业数字化创新战略有效实施的前提。因此可以假设：

H3：数字化资源对数字化创新战略具有显著的驱动作用。

4.2.4　数字化能力与数字化创新战略

根据目前市场的竞争环境可知，想要获得持久的竞争优势不仅要关注异质性资源，能够正确处理与外部环境关系的能力也是关键因素。本书首先采取了数字化能力，其主要定义是：制造业企业进行数据统筹、外部经验吸收、内部知识共享、差异化资源协调，并将其作为企业在数字化创新过程中的重要影响因素。

一方面，企业在实施数字化创新战略过程中，通过有效利用创新能力，能够更加高效地开展相关活动，从而显著提升项目成功率。数字化创新活动具有投资成本高、项目不稳定性高的特征，决定了制造企业在战略决策方面需要考虑高风险问题。制造企业的创新能力可以降低风险对企业的冲击。制造企业的创新能力水平越高，对数字化创新的吸收和新技术兼容得就越好，有利于帮助企业在数字化创新初期消除障碍。

另一方面，企业在实施数字化创新战略过程中数字化创新能力也为此提供了创新动力。从本质上来说，数字化创新活动旨在将外部和内部学习创新互动结合的过程。首先，制造企业需要适应外部环境，将数字化相关的政策、标准、行业经验、顾客以及合作伙伴的需求进行获取、吸收、转化，逐渐积累成企业的数字化资源和能力。其次，制造企业要实现内部资源和实施的共享，通过实验尝试、自我反思、自我探索等方式将组织内的信息和资源进行共享，并创造新的知识，以实现数字化能力的自我提升。

索卡和奥卡斯（Sok and O'Cass）[291]认为学习能力使企业能够制定和实施更高效、更有效地以创新为重点的战略，从而能够更及时地开发和交付更多产品。学者检验了创新资源—能力互补性与创新绩效之间的关系。进一步阐述了创新资源与能力互补推动创新绩效；通过公司拥有卓越的学习能力，他们的关系将进一步强化。根据结果可知，创新资源—能力互补性对企业的创新绩效能够产生一定的影响作用。结果还表明，当一个企业的学习能力越强，就更会对企业的运营和管理等进行怀疑，并且通过对企业的客户以及销售渠道的分析不断优化完善；帮助企业研发更多新产品的能力，并提高向客户交付产品的速度。斯皮兰等（Spillan et al.）[292]研究了组织创新能力如何塑造业务战略并影响企业绩效。证明了营销和信息技术能力是企业战略的动态驱动因素。因此可以假设：

H4：数字化能力对制造企业数字化创新战略具有显著的驱动作用。

4.2.5 管理者支持对内外关键驱动因素与数字化创新战略的调节作用

根据查尔德（Child）在战略选择理论中所持的观点可知，企业在进行某项决策时，企业管理者会起到相当大的作用。在企业外部环境和政策都相同的情况下，创新策略的实施很大程度上会受到管理者的影响。本文在研究中表示，管理者的支持与否会直接影响到外部环境以及内部驱动力对数字化创新的实施程度，因为管理者对企业内外环境的解读会影响数字化创新战略的实施[293]。

管理者对数字化越支持，越倾向于识别数字化创新的发展时机。当企业的管理者对数字化转型的理念更强时，一方面对国家的政策就会更敏感，并从中寻找有利于企业发展的机会，从而提高企业的收益。企业在进行数字化创新的过程中，根据政府的相关优惠政策在一定程度上能够帮助企业降低创新成本，从而达到更高的数字化创新水平，而不是仅仅完成最低的标准，即末端治理。另一方面可以将行业的竞争者、消费者以及供应商等对数字化转型的看重作为一种发展机会，根据消费者的潜在需要进一步研发新型产品，并和供应商企业进行合作将风险降到最低，在扩大市场占有率的同时增强竞争能力[294]。

管理者对数字化越支持，越容易对数字化创新项目产生较强的责任感和义务感，为了能高效实现数字化创新，对其投入的资源成本也就越大。当企业资源的数量一定时，项目投资最关注的就是投资收益比，企业往往在投资过程中更倾向于投资收益高的项目，目前数字化创新的投资相对较高，并且投资风险较大，企业的管理者只能采取将该项目融入企业责任的范畴之内的方式，才能将更多的资源和成本投入其中使其发展。当企业的管理者数字化转型的理念更强时对其的态度才能更看好和支持，并且能够有效地将获取到的知识融入企业资源，对出现的问题能够及时有效地解决[295]。

管理者对数字化持有支持和鼓励的态度，更容易发现潜在的时机，不仅能将企业的资源进行合理化支配，也能帮助企业将数字化创新提高到企业的战略水平。汉森等（Hansen et al.）[296]建议管理者要参与创新，通过动态调整战略、数字化方法等来推动数字化创新战略的实施。马格萨等（Magesa et al.）[297]总结出企业数字化转型中管理者的数字化特征，以此审核优秀的数字化管理者来促进创新，从而改进产品和服务。据此，我们提出以下假设：

H5a：管理者对数字化的支持力度越大，政策引导对于数字化创新战略的影响越强。

H5b：管理者对数字化的支持力度越大，市场压力对于数字化创新战略的影响越强。

H5c：管理者对数字化的支持力度越大，数字化资源对于数字化创新战略的影响越强。

H5d：管理者对数字化的支持力度越大，数字化能力对于数字化创新战略的影响越强。

4.3 数字化创新战略与绩效关系的理论模型

目前，企业将数字化创新提升到企业的战略高度，在一定程度上能够提升品牌效应、产品创新以及服务，从而更高效地符合外部环境的标准，也就是制造企业数字化创新战略能够同时提高企业的效益以及创新能力。但是从历史文献的研究可知，研究的关注更侧重于数字化创新对企业的绩效产生的影响和作用，并没有从更深层面解释两者的联系。

根据变革管理的理论可知，目前企业使用最多的模式为"战略—组织环境—绩效"，这种模式主要侧重于研究企业资源的特殊性以及异质性对绩效和市场竞争可能产生的影响。现阶段企业的特殊组织环境的要素主要为数字化形象和能力，一方面数字化形象和能力具有一定的杠杆效应，能够将企业的内外部资源进行有效的整合，另一方面也包含了普通组织要素的特点，比如实用性。随着数字经济的快速发展，进一步分析数字化形象和能力对制造业企业产生的影响在未来的研究中具有一定的现实意义。

众所周知，数字化创新战略一方面能够得到政府以及市场的支持，增强企业的创新能力以及品牌效应的同时也进一步完善了企业的数字化形象，另一方面也能降低企业的投资成本，提高收益。当企业的数字化形象更加完善时，政府对企业的认可度和投资也会提升。客户对企业的满意度也随之增加，从而增加企业的竞争优势，实现企业的绩效目标。

数字化创新战略实施过程中不断积累数字化知识、创新资源等，有助于提升企业数字化创新的能力，并且根据企业的数字化创新能力可以将企业内外部的资源整合、激励企业的创新力，这些自身能力的提升很难被其他企业所模仿，所以也成为企业绩效收益以及竞争能力提升的关键因素。

基于上述分析，本研究将制造企业数字化创新战略—数字化能力和数字化形象—企业绩效纳入统一的概念模型，如图4-3所示。

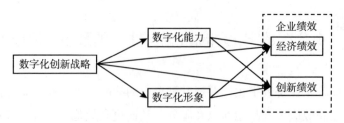

图4-3　数字化创新战略与企业绩效作用机理的理论模型

4.4　数字化创新战略与绩效关系的假设推演

4.4.1　数字化创新战略与经济绩效

通过对文献的综述分析，有关企业数字化与经济价值的讨论一直存在争论。从传统学者的角度来看，实施数字化创新会浪费更多的企业资源和成本，同时，数字化创新为企业创造的收益并不等同于投入的资源和成本。与之相反，部分学者则认为国内制造业技术水平已经达到瓶颈，这严重影响到企业在市场上的竞争力，数字化创新战略不仅能够降低资源的占用率，也能为企业的发展带来新的机会，并且数字化创新也能提高企业的效益以及增长企业的市场竞争力。有关数字化创新与经济价值的讨论本质上就是探讨数字化创新为企业带来的收益与投资的成本哪方的价值更大。

根据本书的研究可知，数字化创新战略对企业的发展以及经济效益会产生积极的正向影响。首先，实施数字化创新战略的制造企业在发展中更能从长期的角度进行计划实施，利用新型的数字化产品以及服务能够更好地吸引客户，并根据客户的类型进行需求分类，研发更多的创新型产品，从而使企业与客户之间的联系更加紧密，同时，产品与服务的差异更能为企业提供竞争优势[298]。其次，数字化创新战略不仅能够帮助企业提高对风险随机应变的能力，也能帮助企业优化内部的管理制度，对于保持与利益相关方稳定的关系也是企业稳定发展的优势[299]。最后，从制造业企业的未来发展角度来看，数字化创新战略一方面能够降低企业的研发成本和资源，另一方面其产生的数字化形象能够使企业在日常经营中提升一定的收益，从而进一步弥补企业的研发成本。据此提出假设：

H6：数字化创新战略对企业经济绩效具有显著的正向影响。

4.4.2　数字化创新战略与创新绩效

企业生产经营活动不仅要为股东带来经济效益，同时应该关注企业周边生态，提高企业数字化创新能力。基于此，企业在发展过程中，一方面要提高企业的经济收益，另一方面也要关注数字化创新的收益，同时将其纳入企业的战略计划中，赢得消费者和合作伙伴等的认同，保障企业的效益稳步上涨。

从数字经济理论的角度来看，企业在发展过程中想要完成高质量、高标准的目标，同时使企业的经济效益稳步提升，就需要实施数字化创新战略[300]。首先，数字化创新战略的实施主要侧重于对生产场景和流程的改善，提升生产自动化和智能化水平，提高生产效率[301]。其次，数字化创新战略的实施提升了企业的创新能力，不仅实现了利益相关者的愿望同时也达到了数字经济市场的需求；最后，企业在进行数字化创新战略的实施过程中更加关注产品的创新以及服务的转化，提高产品与服务的差异化。

根据自然资源基础观可知，制造企业数字化创新战略对企业的发展具有一定的激励作用，学者郑帅和王海军[302]表示，企业在进行数字化创新战略开展的同时能够有效地增强企业的创新绩效。学者李雪松等[303]在研究中也验证了企业在进行数字化战略开展的同时能够有效增强企业的创新绩效。因此，提出假设：

H7：数字化创新战略对企业创新绩效具有显著的正向影响。

4.4.3　数字化创新战略与数字化形象

根据资源基础理论可知，制造企业在获得数字化资源以及竞争优势的途径主要是通过对数字化创新战略的计划。根据已有的研究可知，更多的研究重点趋向于数字化创新战略在获取各类资源的过程中可能产生的影响，比如对信息资源、人力资源的获取。与此同时，间接性获得的资源也能为企业的发展提供支撑。

众所周知，数字化形象对企业来说是一种异质性的资源，因此企业想要提高数字化形象时，就只能通过提高第三方群体对企业的评价和看法。制造业企业在实施数字化创新过程中能够增强活动的科学性、合法性，得到政府和其他利益方的赞同和支持，更深入地提升企业的数字化形象。首先，企业进行数字化创新战略的实施能够增强市场合法性。企业根据消费者的需求进行数字化创新，将产品与服务的研发基于消费者数字化需求更能提供符合消费者的产品和服务，一方面能够最大化满足消费者的需求，另一方面也能在竞争市场、数字化合作以及海外合作等领域增强企业的优势。其次，能够增强企业的政治合法性。企业通过增强技术能力、优化生产流程，进一步提高了资源利用效率，从而提升企业的数字化形象。最后，能够增强企业的普遍合法性。企业利用数字化品牌战略的实施，会促进企业积极参与社会活动，提升企业数字化创新的品牌声誉，企业社会责任感会得到社会公众的支持。政府、市场和社会对企业的高度认可和赞扬对企业树立数字化形象提供了强有力的支撑，同时企业的数字化形象越好，也越能获取各种资源。由此，给出假设：

H8：数字化创新战略对企业的数字化形象具有显著的正向影响。

4.4.4　数字化创新战略与数字化能力

数字化能力在战略管理过程中存在正向的影响作用，企业在实施时利用该能力将企业原有的资源进行合理化整合，从而形成企业特有的、难以模仿的竞争能力[304]。同时，数字化能力是一种具有多元化能力和各类创新技术的总和，并非单一的一项能力，从本质上来说，数字化能力的延伸性可以提高企业的创新能力和技术，其产生的作用以及使用途径更加广泛，从而研发出更符合消费者的产品和服务，综上，本书在分析数字化创新能力对企业产生的影响时需要进行更深入的研究。

企业在建立数字化创新战略时，应该考虑多方面因素的影响，比如外部环境、市场竞争、国家政策、企业内部结构等，因此在建立的同时，需要将其可能产生影响的因素进行分析，以此来建立一种能够自如地面对突如其来的风险的数字化创新战略[305]。从外部环境的角度来看，数字化创新战略要将合作者、供应商以及消费者三方相结合，综合实施打造三方共赢的局面；从应对环境变化的角度来看，企业应该鼓励员工积极应对、学习数字化相关知识和能力，从而将其运用在日常的生产工作中，形成更强的应对机制。因此，提出假设：

H9：数字化创新战略对企业的数字化能力具有显著的正向影响。

4.4.5　数字化形象与企业绩效

从资源基础理论的角度分析，根据数字化创新战略的优势可知，帮助企业提高效率和能力主要是依靠其对资源提取以及能力的利用[306]。其中所获取的资源具有一定的独特性和稀缺性。目前对数字化创新战略已有的研究主要侧重于对有形资源的收集，但是数字化形象作为企业独特的一种资源，也是一种无形资源，能够保障企业获取更多的优质资源。消费者对企业数字化水平的了解和评价主要是通过企业的数字化形象[307]。因此，本书在研究中更加关注数字化形象对企业产生的积极影响。

众所周知，数字化形象的塑造对企业的绩效和能力提升具有一定的促进作用[308]，可以细分为以下三点：（1）数字化形象能够帮助企业获得政府鼓励和支持，主要体现在政府的优惠政策、财政补贴、专项资金、企业推广等方面的优先选择权；（2）数字化形象能够帮助企业取得更多的市场机会。首先，数字化形象对提升企业的声誉以及能力具有促进作用，这种声誉以及能力形成的独特性，很难被同行模仿，所以提高了企业的竞争优势[309]。其次，数字化形象对企业的产品和服务具有一定的溢价性，从而让消费者对企业的产生青睐，更易维护企业与消费者之间的关系[310]。（3）数字化形象能够帮助企业获取更多的效益。更多的政府资源、社会资源等流入企业，数字化创新战略的实施不断优化企业的生产流程、产品研发等，从而使得企业的创新水平在不断地提升。综合上述分析，提出如下假设：

H10a：数字化形象对企业经济绩效具有显著的正向影响。

H10b：数字化形象对企业创新绩效具有显著的正向影响。

4.4.6　数字化能力与企业绩效

对于企业来说，增强企业的绩效还需要对数字化能力的进一步提升[311]。首先，优秀的数字化能力能够帮助企业在竞争环境中突出企业优势，抓住发展机会，利用先进的数字化能力与其他企业竞争并取得先机；其次，企业的数字化能力越强，对企业的资源整合利用就更加全面合理，以此来应对市场大环境的改变[312]；最后，帮助企业建立良好的企业形象，使得更多的消费者、供应商等看好企业的发展，并为进一步提升数字化能力提供保障[313]。企业在实施数字化创新战略的计划中，不断增强资源、数字化知识，以及应对市场变化的能力，从而形成企业独特的发展模式。由于这些能力的提升是根据企业对内外部环境的资源整合、应对市场变动等创造的独特的能力，其他企业很难进行复制，所以这些能力已经成为企业绩效增加以及竞争能力提升的必要因素[314]。

从创新绩效的角度来看，其创新行为主要侧重于优化完善企业的产品和技术，与传统的仅仅关注企业的财务指标之间存在一定的差异，其更倾向于企业未来的发展以及持续增长的竞争优势。同时，企业在实施数字化创新战略的过程中，一方面要重视企业的经济收益，另一方面其创新绩效也必将成为企业价值增值的另一种方式。企业的数字化能力能够保证企业从长期发展的角度提升能力。

H11a：数字化能力对企业经济绩效具有显著的正向影响。

H11b：数字化能力对企业创新绩效具有显著的正向影响。

4.4.7　数字化形象对数字化创新战略与绩效的中介作用

本书的研究主要按照"战略—资源—绩效"的结构展开，重点讨论了数字化形象对数字化创新战略以及企业的绩效之间产生的影响。从表面来看，数字化创新战略的实施必将造成企业绩效的增长，但是并没有从更深的层次进行说明。数字化创新的特点在于其研发的长期性和烦琐性，这也是与一般创新的区别，进一步说明对企业绩效的影响会经过资源传导系统，由此可知，数字化形象不只包含一般资源的价值，也能够帮助企业对资源进行合理整合和使用，最终形成企业的独特优势。

企业在进行数字化创新战略实施的过程中，一方面对资源进一步合理使用，减少不必要的资源浪费，另一方面帮助企业提高社会声誉，反过来这种良好的社会声誉又为企业带来了更多的优势和机会，从而提升了企业的绩效。从学者刘向东等[315]的研究结果也能证实这一点。数字化创新战略在减少企业资源浪费的同时，也能获得更多利益方、合作方、消费者的认可，从而塑造企业的优秀数字化形象。同时，优秀的数字化形象又能帮助企业更加方便快捷地得到政府支持以及各类资源，从而增强企业的竞争优势。据此，给出以下假设：

H12a：数字化形象在数字化创新战略与企业经济绩效间起中介作用。

H12b：数字化形象在数字化创新战略与企业创新绩效间起中介作用。

4.4.8 数字化能力对数字化创新战略与绩效的中介作用

从变革管理理论的角度分析，组织环境是数字化创新战略影响企业绩效的重要过程要素。从第三章探索性研究结果发现，数字化能力与数字化创新战略之间是动态循环的过程，是制造企业数字化创新战略对绩效影响的重要组成部分。数字化能力的组织资源属性决定了，它可以持续适应外部环境的不断变化，从而影响数字化创新战略的方向；数字化能力的动态性决定了数字化创新战略的改变对企业绩效影响的差异化程度。

姜君蕾等[316]通过案例研究揭示了企业如何通过数字化创新不同阶段来实现能力重构，进一步实现产品创新的过程机理。其中，包括数字学习能力重构对数字技术融合绩效的作用机制；数字敏捷能力重构对价值创造过程变革的作用机制。易加斌等[317]通过组织惯性理论与动态能力理论有机结合，在研究数字化能力对组织惯性与商业模式创新关系的中介效应时发现，企业数字化创新过程呈现出"组织惯性—数字化能力—商业模式创新"的路径机制。范合君和吴婷[318]认为数字化能力在新型数字基础设施促进经济高质量发展中具有中介作用，即新型数字基础设施有助于提升数字化能力进而促进经济高质量发展。侯光文和刘青青[319]实证表明企业网络权力正向作用于创新绩效，数字化协同能力显著提升创新绩效，且在网络权力及创新绩效之间起到"桥梁"的作用。由此，给出假设：

H13a：数字化能力在数字化创新战略与企业经济绩效之间起中介作用。

H13b：数字化能力在数字化创新战略与企业创新绩效间起中介作用。

4.5 本章小结

从扎根理论的角度分析得出制造企业在数字化创新战略实施中主

要遵循的结构，由此建立了制造业企业数字化创新战略、关键驱动因素与绩效三者逻辑关系的理论模型。基于相关文献研究和制造企业的实际发展情况，本书提出了20条关系假设，如表4-1所示。第一，分析了制造企业数字化创新战略的驱动效应，包括数字化资源、数字化能力、政府相关政策以及市场环境对数字化创新战略的直接影响，以及管理者支持在这些驱动因素与数字化创新战略之间的调节作用；第二，分析了数字化创新战略对制造企业绩效的影响，其中绩效分为经济绩效和创新绩效，影响机理中分为直接效应和中介效应，直接效应包括数字化创新战略分别与企业经济绩效、创新绩效、数字化形象、数字化能力的关系，数字化形象、数字化能力分别与企业经济绩效和创新绩效的关系，中介效应包括数字化形象、数字化能力两者在数字化创新战略与制造业企业经济绩效以及创新绩效关系之间的中介作用。

表4-1　　　　　　　　　　　　　假设总结

项目	变量关系	假设描述
关键因素对数字化创新战略的驱动效应	直接关系效应	H1：政策引导对数字化创新战略具有显著的驱动作用
		H2：市场压力对数字化创新战略具有显著的驱动作用
		H3：数字化资源对数字化创新战略具有显著的驱动作用
		H4：数字化能力对数字化创新战略具有显著的驱动作用
	调节效应	H5a：管理者对数字化的支持力度越大，政策引导对数字化创新战略的影响越强
		H5b：管理者对数字化的支持力度越大，市场压力对数字化创新战略的影响越强
		H5c：管理者对数字化的支持力度越大，数字化资源对数字化创新战略的影响越强
		H5d：管理者对数字化的支持力度越大，数字化能力对数字化创新战略的影响力越强

项目	变量关系	假设描述
数字化创新战略对企业绩效的作用	直接关系效应	H6：数字化创新战略对企业经济绩效具有显著的正向影响
		H7：数字化创新战略对企业创新绩效具有显著的正向影响
		H8：数字化创新战略对企业的数字化形象具有显著的正向影响
		H9：数字化创新战略对企业的数字化能力具有显著的正向影响
		H10a：数字化形象对企业经济绩效具有显著的正向影响
		H10b：数字化形象对企业创新绩效具有显著的正向影响
		H11a：数字化能力对企业经济绩效具有显著的正向影响
		H11b：数字化能力对企业创新绩效具有显著的正向影响
	中介效应	H12a：数字化形象在数字化创新战略与企业经济绩效间起中介作用
		H12b：数字化形象在数字化创新战略与企业创新绩效间起中介作用
		H13a：数字化能力在数字化创新战略与企业经济绩效间起中介作用
		H13b：数字化能力在数字化创新战略与企业创新绩效间起中介作用

第 5 章

制造企业数字化创新战略
作用机理的研究设计

在第 2 章文献梳理、第 3 章扎根分析和第四章理论模型构建的基础上，本章主要通过变量定义、量表题项净化、预调研与正式调研等过程，修订制造企业数字化创新战略作用机理的量表问卷，提升测量工具实用性能，便于后续科学高效地展开实证探究。

5.1 数字化创新战略作用机理的变量测量与题项设计

5.1.1 初始测量题项的形成

在第 3 章和第 4 章质性研究的结果表明，企业经济与创新绩效、管理者支持；数字化创新战略、资源、形象及能力；政策引导、市场压力等维度共同构成了制造企业数字化创新战略作用机理。基于上述研究探讨，在系统梳理汇总文献资料与理论研究结果的前提下，明确不同维度的题项涉及内容。

1. 政策引导

在参考扎根理论的前提下，进一步明确了政策引导是数字化创新战略驱动效应的重要构成，包括强制型、规范型和激励型政策等，同时结合以往研究[320-323]，根据现行研究情境来合理有效修订题项内容表述，所设计形成测量题项具体如表5-1所示。

表5-1 政策引导问卷量表

具体来源	序号	测量题项
扎根理论结果；吕芬等（2020）托尔夫斯等（Torfs et al.，2022）格鲁伯（Gruber，2019）何玉梅（2021）	1	严格的数字化技术标准在有关法律法规中作出明确规定；
	2	细致全面的数字化规划由主管部门参照法律法规或规章制定；
	3	政府机构出台的数字化创新企业税收优惠扶持政策十分完善；
	4	政府机构将专项资金补助优先提供给数字化创新企业项目；
	5	政府机构将项目贷款贴息或优惠提供给数字化创新企业

2. 市场压力

对于制度压力维度，根据扎根理论研究结果，表明市场压力维度包括"顾客需求""供应商变革""竞争对手压力"等，同时结合以往研究[254,315]，总结出5个问题来测量驱动制造企业数字化创新战略的市场压力维度，详见表5-2。

表5-2 市场压力问卷量表

具体来源	序号	测量题项
扎根理论结果；刘向东等（2022）张媛等（2022）	1	企业的供应商对数字化程度要求高；
	2	企业的供应商将数字化创新作为企业选择的评价指标；
	3	企业的顾客对数字化需求程度高；
	4	企业的顾客对数字化创新行为关注度高；
	5	竞争企业的数字化水平高

3. 数字化资源

对于数字化资源维度，同样综合扎根理论研究与已有文献的梳理[216,253,324]，表明管理者支持、生产场景及流程、人员教育培训、梳理整合数据等是数字化资源维度的主要构成，管理者支持作为独立的调节变量不在数字化资源测量题项中体现。通过进一步对题项的表述进行适当修改，初步形成5个测量问题，详见表5－3。

表5－3　　　　　　　　　数字化资源问卷量表

具体来源	序号	测量题项
扎根理论结果；张榉榉和郝兴霖（2022）张海丽等（2022）王和苏（Wang and Su，2021）	1	企业在行业内管理信息化水平较高，拥有丰富的业务数据；
	2	企业生产流程各环节具有独立性，可以保障数字化安全性；
	3	企业员工经过培训和思想教育能更好地接受数字化技术；
	4	企业生产场景标准化可以保障数字化创新的兼容性；
	5	企业有先进的服务器、数据库等软硬件设备，保障数据安全

4. 数字化能力

企业全面吸纳并整合利用知识资源，借助于前沿性环境管理系统展开不断创新，提升市场综合竞争优势的能力即创新能力。扎根理论结果表明该维度包括"信息技术能力""组织协调能力""数字化吸收能力"和"自我创新能力"等。在此基础上，结合已有文献[325-327]，同时对数字化能力题项的表述进行适当修改，形成了4个测量题项，详见表5－4。

表5－4　　　　　　　　　数字化能力问卷量表

具体来源	序号	测量题项
扎根理论结果；廖民超等（2022）刘洋等（2021）王冰和毛基业（2021）	1	企业在行业内拥有的信息技术能力处于较高水平；
	2	企业在行业内拥有的跨部门协调并解决数字化技术应用的能力处于较高水平；
	3	企业在行业内拥有的学习并吸收外部数字化经验和知识的能力处于较高水平；
	4	企业在行业内拥有的自我创新能力处于较高水平

5. 管理者支持

根据扎根理论和已有文献的研究，管理者支持是指企业中管理者对数字化的认知度，包括对政策的理解、对数字化的认可以及相关经验等。制造企业管理者在选择与决定数字化创新战略环节作用显著，所制定的战略决策因内外部环境差异影响而产生显著不同。借鉴已有文献[203,328,329]的研究成果，并对语言进行调整，初步形成4个测量题项，详见表5-5。

表5-5   **管理者支持问卷量表**

具体来源	序号	测量题项
扎根理论结果； 贝尼特斯等 （Benitez et al.，2022） 阳镇等（2022） 比阿特丽斯等 （Beatriz et al.，2021）	1	管理者关注数字化相关政策对企业的影响；
	2	管理者认可数字化创新对企业经营的积极影响；
	3	管理者对数字化技术有一定的了解和掌握；
	4	管理者需要通过数字化创新来提升团队业绩

6. 数字化创新战略

根据扎根理论研究结果和已有文献[330-333]，制造企业数字化创新战略维度包含数字化产品与服务战略、数字化品牌战略和市场应对策略等，详见表5-6。

表5-6   **数字化创新战略问卷量表**

具体来源	序号	测量题项
扎根理论研究结果； 布涅和杜比（Bounie and Dubus，2021）； 昆克尔等（Kunkel et al.，2022）； 安东诺普诺和贝格斯 （Antonopoulou and Begkos，2020）； 肖艾比等（Chouaibi et al.，2022）； 蒙罕默德和穆罕默德 （Mohammad and Muhammad，2022）.	1	企业加强市场调研了解消费者的数字化需求；
	2	企业满足利益相关者的数字化需求以获得周边产品的支持；
	3	企业加强市场调研挖掘新的机会；
	4	企业加强经营管理提高应对数字化创新潜在风险的能力；
	5	企业调整经营活动传播自身的数字化价值体系

7. 数字化形象

根据扎根理论的研究，制造企业推行数字化创新战略的显著成效就是树立数字化形象。企业在形成数字化形象资源优势后，能够得到广大消费者认可，促使企业有形资源获取规模进一步扩大。主要包含企业外部和内部利益相关者对企业数字化创新的评价[334,335]等。为良好匹配课题研究目标，本书结合实际优化修订了题项内容表述，具体题项见表5-7。

表5-7　　　　　　　　数字化形象问卷量表

具体来源	序号	测量题项
扎根理论研究结果；西慕斯和塞巴斯蒂安尼（Simoes and Sebastiani，2017）；梅勒瓦尔和纳瓦莱卡尔（Melewar and Navalekar，2002）	1	企业在行业内被视为数字化创新的基准；
	2	企业在行业内的数字化创新实践被认为是专业的；
	3	企业对数字化创新有深刻的认识，融入企业文化；
	4	企业的数字化创新是值得合作伙伴信赖的；
	5	企业在进行数字化创新时得到消费者的认可

8. 制造企业绩效

根据扎根理论研究结果，制造企业绩效是数字化创新战略实施和运营总体效果的体现，具体包含经济绩效和创新绩效。大量文献在测量企业绩效时主要围绕诸多维度，受到研究目标与研究者视角不同的影响，形成了差异化的测量企业绩效结果。主观测量法与客观测量法是测量企业绩效的两种主要方式。在选择客观指标展开测量环节，由于难以有效获取非上市公司经济指标且一些指标对企业整体绩效水平无法有效说明，特别表现在测量创新绩效方法，极易导致错误测量问题发生。所以，本书在测量制造企业绩效过程中，优选采用了管理者主观感知这一应用普遍的方式。结合已有文献研究[209,336]，根据我国制造业现行发展背景，在充分借鉴引用专家建议的基础上，构建形成的测量题项两大维度分别为经济与创新绩效，详细如表5-8所示。

表 5 – 8 制造企业绩效测量题项

变量名称	序号	测量题项
经济绩效	1	企业的盈利增长情况在同行业中处于领先水平；
	2	企业的销售收入增长情况在同行业中处于领先水平；
	3	企业的市场份额变化情况在同行业中处于领先水平；
	4	企业的投资回报情况在同行业中处于领先水平
创新绩效	1	企业数字化流程创新明显增加；
	2	企业工艺创新数量明显增加；
	3	企业的发明专利明显增加；
	4	企业产品和服务的创新数量明显增加

5.1.2 问卷的编制、讨论与修改

1. 调研方法

在管理学统计分析环节，应用广泛的收集数据方法即问卷研究法。在综合考量变量特征与问卷研究内在优势的基础上，选用该研究方法。在深入开展问卷研究的前提下，充分了解被调查者真实有效的看法与意见。综合利用网络、电话等媒介，高效便于实施、成本低廉、周期短；通过匿名展开调查能够使被调查者如实表达想法意见，便于获得真实有效数据；依托多元化数据分析软件来开展数据统计与实证分析，数据时效问题得以良好解决等是问卷调查的突出优势表现。本书选择问卷调查的主要取决于对数字化创新战略的驱动因素及影响企业绩效作用机理研究所选取变量的独特性。第一，地区差异大、主观色彩浓厚等是数字化创新战略、管理者支持等变量的显著特征，地区波动水平与企业主观因素不同无法利用客观数据有效描述。第二，国内大部分制造企业没有充分报告披露环境信息，在系统描述数字化创新战略驱动因素与影响作用机理时无法引用客观数据。根据如上分析表述，本书为收集客观有效数据而选用问卷研究法，利用主观感知来展开假设验证分析。

2. 初步问卷形成

基于课题调研目标，问卷设计的问题首先包括制造企业数字化创新战略作用机理的九个维度的具体题项。其次，通过分析扎根理论与相关研究结果能够发现，企业特征直接影响着数字化创新战略。所以，本书在调查研究的过程中选用了包括企业发展时间、所有权性质、经济收入与员工规模在内的统计变量，测量控制变量时采用了虚拟变量赋值方法。基于人员数量为标准，将企业员工规模细分为 100 人以下、100 ~ 299 人、300 ~ 499 人、500 ~ 999 人、1000 ~ 1999 人、2000 人以上 6 种类型。企业收入分为 500 万元以下、500 万 ~ 5000 万元、5000 万 ~ 1 亿元、1 亿 ~ 3 亿元、3 亿元以上共 5 种类型。企业年龄分为 3 年以下、3 ~ 5 年、5 ~ 10 年、10 年以上 4 种类型。国有企业、民营企业及其他类型企业是 3 种不同企业性质类型。

在充分考量课题研究目标的前提下，事先科学构思与优化设计问卷，利用李克特 7 点量表来有效测量题项，确保能收集真实有效数据。问卷初始部分，笔者细致介绍说明了课题研究目标、内在价值及数据严格保密等内容，确保被调查者能够结合实际如实反馈并填写相关信息。被调查企业基本信息、数字化创新战略作用机理有关问题是调查问卷所设计内容主题的两大构成。其中，企业所有权性质、成立发展时间、员工数量等构成了企业信息部分内容，而数字化创新战略作用机理有关问题则主要涵盖数字化形象、创新战略、资源及能力；政策引导、管理者支持、市场压力、企业经济与创新绩效等 9 个维度的 41 个量表问题，问题均采用 7 点李克特测量方法。

3. 问卷的讨论与修改

在形成初始的调查问卷之后，由 1 位教授、6 名博士及硕士研究生构成的研究团队成员细致分析探讨了问卷的内容。经系统探讨考量的基础上，进一步修订优化初始调查问题。比如对"严苛的数字化技术标准在有关法律法规中作出明确规定"的初始问题修改为"相关法律法规规定了完整的数字化技术标准体系"；将"细致全面的数字化规划由主管部门参照法律法规或规章制定"修改为"基于法律法规或规章要求，主管部门制定了细致完善的数字化经济发展规划"；将"企业供应商选择企业的评价指标为数字化创新"修订为"供应商评价企业声誉的指标为数字化创新"；将"企业为保障数据安全稳定，引用前沿性数据库等硬件设备"修改为"企业数据存储设备处于行业先进水平，可以保障数据的安全"。修订后，确定了制造企业数字化创新战略作用机理调查问卷的修订版本。

5.2 数字化创新战略作用机理的预调研与数据分析

5.2.1 预调研样本选择与数据收集

研究首先进行预调研，调查问卷主要通过向笔者周边符合条件的制造企业从业人员、同学以及其他朋友发放。预调研阶段，课题研究者设计发放调查问卷主要借助于问卷星调查软件，依托互联网社交软件向被调查者发放问卷链接，引导被调查者结合实际如实填写并请求协助转发给其他好友参与调查，共计收回调查问卷 244 份。经仔细查阅审核调查问卷，其中存在显著质量问题的无效问卷有 14 份，无效问卷衡量标准包括回答时间过短、答案相同等，最后筛选出有效问卷 230 份。预调研问题设计题项涵盖 41 个，取得了达到 5 倍总题项的达标最小样本量[337]。所以课题研究分析要求能够参照预调研 230 份数据而良好实现。

5.2.2 预调研样本的描述性统计

表 5-9 显示：被调研的制造企业中人员数量少于 100 人的占 5.65%，100~299 人的占 14.35%，300~499 人的占 20.87%，500~

999 人的占 23.04%，1000 ~ 1999 人的占 16.09%，2000 人以上的占 20.00%。收入方面，少于 500 万元的占 2.17%，500 万 ~ 5000 万元的占 16.96%，5000 万 ~ 1 亿元的占 26.09%，1 亿 ~ 3 亿元的占 25.65%，大于 3 亿元的占 29.13%。企业年龄方面，3 年以下的占 3.48%，3 ~ 5 年的占 38.70%，5 ~ 10 年的占 32.61%，10 年以上的占 25.22%。产权性质方面，民营企业样本占比最大为 70.87%。

表 5 - 9　　　　　　　　　预调研样本结构

名称	选项	频数	百分比（%）	累积百分比（%）
员工数量	少于 100 人	13	5.65	5.65
	100 ~ 299 人	33	14.35	20.00
	300 ~ 499 人	48	20.87	40.87
	500 ~ 999 人	53	23.04	63.91
	1000 ~ 1999 人	37	16.09	80.00
	2000 人以上	46	20.00	100.00
销售收入	少于 500 万元	5	2.17	2.17
	500 万 ~ 5000 万元	39	16.96	19.13
	5000 万 ~ 1 亿元	60	26.09	45.22
	1 亿 ~ 3 亿元	59	25.65	70.87
	多于 3 亿元	67	29.13	100.00
企业年龄	3 年以下	8	3.48	3.48
	3 ~ 5 年	89	38.70	42.17
	5 ~ 10 年	75	32.61	74.78
	10 年以上	58	25.22	100.00
产权性质	国有企业	58	25.22	25.22
	民营企业	163	70.87	96.09
	其他	9	3.91	100.00
合计		230	100.0	100.0

5.2.3 预调研样本的信度检验

信度检验侧重于考察检验问卷设计的可靠性与可信度，该指标对被测量数量真实有效性的反映主要参考了借助测量工具取得结果的稳定一致性。内在信度与外在信度是信度的两种主要类型。内在信度检验侧重于考察一组问题能否对相同概念进行测量，构成量表的题项达到了怎样的内在一致性。若问卷具有越高的内在一致性，表明具有越高的可信度。在对问卷内在信度考察测量过程中主要引用了 Cronbach's Alpha，获得越大系数，表明具有越高的问卷内在一致性。为对问卷内部一致性进行客观检验，本研究对量表内所有部分信度作出有效检验[252]。

相关标准主要包括：（1）若得到高于 0.8 的 α 系数，反映出问卷具有较高信度；若 α 系数处在 0.7~0.8 间，表明能够接受该信度水平；若 α 系数低于 0.6，表明没有良好信度；（2）若取得小于 0.3 的校正项总计相关性（CITC）值，可选择删除此项；（3）若相较于 α 系数取得了更高的"项已删除的 α 系数"值，在选择删除此项后应展开深入分析探究[253]。

数字化形象、创新战略、资源及能力；政策引导、管理者支持、市场压力、企业经济与创新绩效等共同构成了量表的 9 大维度，检验结果如表 5-10 所示。具体来看，政策引导的 Cronbach α 系数值为 0.879，政策引导第 4 个和第 5 个题项的已删除的 α 系数值分别为 0.899 和 0.896，均大于 0.879；市场压力的 Cronbach α 系数值为 0.880，市场压力第 2 和 3 个题项的已删除的 α 系数值分别为 0.885 和 0.907，均大于 0.880；数字化资源的 Cronbach α 系数值为 0.831，数字化资源第 5 个题项的已删除的 α 系数值为 0.871，大于 0.831，因此可以认为政策引导题项 4 和 5，市场压力题项 2 和 3，数字化资源题项 5 未通过信度检验。删除未通过的题项后，其余各项的 CITC 值均大于 0.3，且已删除的 α 系数值均小于原有的 Cronbach α 系数值。因此，制造企业数字化创新战略作用机理的测量题项中其他题项均与检验标准相符。

表 5 – 10 　　　　　　　　　　预调研信度检验

变量	测量题项	CITC 值	项已删除的 α 系数值	Cronbach α 系数值
政策引导	1	0.758	0.841	0.879
	2	0.746	0.836	
	3	0.769	0.877	
	4	0.482	0.899	
	5	0.723	0.896	
市场压力	1	0.863	0.868	0.880
	2	0.843	0.885	
	3	0.816	0.907	
	4	0.733	0.852	
	5	0.784	0.844	
数字化资源	1	0.772	0.754	0.831
	2	0.724	0.768	
	3	0.679	0.782	
	4	0.661	0.787	
	5	0.324	0.871	
数字化能力	1	0.692	0.754	0.822
	2	0.598	0.797	
	3	0.634	0.781	
	4	0.658	0.770	
管理者支持	1	0.757	0.872	0.896
	2	0.780	0.862	
	3	0.791	0.858	
	4	0.755	0.872	
数字化创新战略	1	0.641	0.877	0.891
	2	0.763	0.861	
	3	0.717	0.863	
	4	0.769	0.872	
	5	0.790	0.855	

续表

变量	测量题项	CITC 值	项已删除的 α 系数值	Cronbach α 系数值
数字化形象	1	0.730	0.822	0.865
	2	0.659	0.844	
	3	0.669	0.842	
	4	0.656	0.845	
	5	0.707	0.832	
经济绩效	1	0.642	0.749	0.807
	2	0.610	0.765	
	3	0.654	0.743	
	4	0.587	0.775	
创新绩效	1	0.675	0.864	0.877
	2	0.767	0.829	
	3	0.742	0.840	
	4	0.759	0.832	

对删除题项的量表重新分析，结果如表5-11所示。政策引导、市场压力、数字化资源的所有题项的 CITC 值均大于 0.3，且已删除的 α 系数值均小于原有的 Cronbach α 系数值。因此，修正后的量表题项均符合检验标准，具有较高的一致性。

表 5-11　　　　　　　修正后的信度检验

变量	测量题项	CITC 值	项已删除的 α 系数值	Cronbach α 系数值
政策引导	1	0.869	0.823	0.908
	2	0.888	0.806	
	3	0.700	0.905	
市场压力	1	0.844	0.838	0.906
	2	0.807	0.870	
	3	0.788	0.887	

变量	测量题项	CITC 值	项已删除的 α 系数值	Cronbach α 系数值
数字化资源	1	0.785	0.811	0.871
	2	0.739	0.829	
	3	0.709	0.841	
	4	0.667	0.858	

5.2.4　预调研样本的探索性因子分析

本研究采用建构效度检验，在进行检验前样本需要满足两个条件：其一是需要分析 KMO 值，如果此值高于 0.8. 则说明研究数据非常适合提取信息（从侧面反映出效度高），若获得 0.7 ~ 0.8 间取值，反映出具有良好效度，该研究数据用于信息提取较为适宜；若获得 0.6 ~ 0.7 间取值，反映出具有一般效度，该研究数据用于信息提取适配性一般；若获得低于 0.6 取值，反映出具有较低效度，该研究数据用于信息提取并不适宜；二是对 Bartlett 的球度检验显著性进行分析，要求 P 值小于 0.05，如果观测变量能够达到两条件要求则表明关联性较强，展开因子分析较为适用[255]。

通过对制造企业数字化创新战略作用机理量表进行探索性因子分析（EFA），结果如表 5 - 12 所示。Kaiser - Meyer - Olkin （KMO）的值为 0.826，大于 0.8，且数据通过 Bartlett 球形度检验（p < 0.001），说明可对制造企业数字化创新战略作用机理进行因子分析。

表 5 - 12　　　　　　　　　　KMO 和 Bartlett 的检验

KMO 值		0.826
Bartlett 球形度检验	近似卡方	5057.219
	df	630
	p 值	0.000

本研究采取主成分分析法，抽取特征值大于1的因子，详见表5-13。从表中可知：因子分析共提取出9个公因子，特征值均大于1，此9个因子旋转后的方差贡献率分别是9.922%、9.255%、8.626%、8.483%、8.133%、7.351%、7.187%、7.153%、7.066%，旋转后达到了高于60%的73.178%旋转累计贡献率。36个题项经过正交旋转法旋转后可从9类因子维度进行划分，各题项达到了高于0.5的负荷，反映出所提取因子涉及系统全面信息，没有发生双重因子高负荷问题。基于预先理论假设，向各维度有效聚合各观测变量。综上所述，本研究选用了结构效度优良的量表。

表5-13　　　　　　　　　　　预调研因子分析结果

维度	题项	因子载荷系数								
		因子1	因子2	因子3	因子4	因子5	因子6	因子7	因子8	因子9
政策引导	1	0.011	-0.029	-0.013	-0.002	0.028	-0.033	**0.950**	-0.000	-0.034
	2	-0.003	0.003	-0.044	-0.038	0.040	-0.018	**0.953**	0.009	-0.034
	3	-0.019	-0.033	-0.059	-0.132	0.029	-0.008	**0.837**	0.095	0.041
市场压力	1	0.112	0.051	0.009	-0.022	0.037	-0.080	0.030	**0.921**	-0.016
	2	0.066	0.059	0.024	0.024	0.077	-0.006	0.043	**0.908**	-0.029
	3	0.038	0.047	0.135	-0.106	0.071	0.040	0.035	**0.888**	0.058
数字化资源	1	0.180	0.159	0.073	-0.022	**0.825**	0.193	-0.009	0.031	-0.017
	2	0.196	0.136	0.026	0.002	**0.816**	0.119	0.014	0.083	0.010
	3	0.140	0.240	0.116	-0.167	**0.764**	0.150	0.074	0.023	0.080
	4	0.225	0.040	0.051	0.102	**0.774**	0.131	0.042	0.078	-0.066
数字化能力	1	0.095	0.108	0.101	0.116	0.169	**0.808**	-0.022	-0.037	-0.010
	2	0.217	0.140	0.027	0.056	0.107	**0.731**	-0.034	0.095	0.011
	3	0.213	0.122	0.154	0.017	0.144	**0.722**	0.000	-0.044	0.040
	4	0.212	0.075	0.201	0.085	0.155	**0.730**	-0.013	-0.072	0.061
管理者支持	1	0.032	0.225	**0.822**	0.027	0.051	0.084	-0.096	0.073	-0.108
	2	0.049	0.066	**0.837**	-0.055	0.035	0.193	0.012	0.055	-0.191

维度	题项	因子载荷系数								
		因子1	因子2	因子3	因子4	因子5	因子6	因子7	因子8	因子9
管理者支持	3	0.036	0.073	**0.873**	- 0.017	0.084	0.068	0.000	0.028	- 0.104
	4	0.043	0.093	**0.853**	- 0.027	0.067	0.106	- 0.048	0.027	- 0.010
数字化创新战略	1	**0.711**	0.214	0.000	- 0.111	0.027	0.190	- 0.038	0.149	- 0.027
	2	**0.798**	0.225	0.023	0.015	0.155	0.153	0.004	0.060	0.006
	3	**0.727**	0.169	0.080	- 0.060	0.304	0.137	0.018	0.021	0.059
	4	**0.804**	0.124	0.046	0.062	0.259	0.130	0.035	0.027	- 0.010
	5	**0.840**	0.173	0.038	0.025	0.114	0.186	- 0.035	0.019	- 0.060
数字化形象	1	0.275	**0.752**	0.156	0.014	0.160	0.158	0.041	0.031	0.049
	2	0.014	**0.781**	0.082	- 0.007	0.119	0.193	- 0.064	- 0.070	- 0.002
	3	0.138	**0.784**	0.096	- 0.027	0.104	- 0.001	- 0.042	0.106	0.055
	4	0.295	**0.695**	0.074	- 0.069	0.113	0.075	0.045	0.048	- 0.013
	5	0.208	**0.788**	0.087	0.092	0.076	0.073	- 0.032	0.073	- 0.009
经济绩效	1	- 0.053	- 0.078	- 0.036	0.369	0.024	- 0.064	0.014	0.004	**0.720**
	2	0.005	0.051	- 0.076	0.223	0.039	- 0.013	0.084	- 0.040	**0.750**
	3	0.043	- 0.027	- 0.172	0.217	0.030	0.083	- 0.075	- 0.010	**0.767**
	4	- 0.032	0.103	- 0.111	0.155	- 0.083	0.071	- 0.051	0.059	**0.759**
创新绩效	1	- 0.036	- 0.017	- 0.067	**0.782**	0.015	0.113	0.022	0.005	0.216
	2	0.024	- 0.023	- 0.014	**0.849**	0.022	0.081	- 0.042	- 0.027	0.176
	3	0.013	0.111	0.023	**0.811**	- 0.057	- 0.006	- 0.063	- 0.046	0.273
	4	- 0.047	- 0.054	- 0.002	**0.821**	- 0.044	0.073	- 0.119	- 0.047	0.222

5.2.5 最终测量量表的形成

通过预调研的分析，制造企业数字化创新战略作用机理的政策引导维度中题项4和5，市场压力维度中题项2和3，数字化资源为题中题项5的检验没有通过标准，因此删除这5个题项。在探索性因子分析中，剩下的题项均符合要求。因此，通过数据分析，制造企业数字化创新战略作用机理的测量最终保留 36 个题项，涉及企业经济与创新绩效、管理者支持；数字化创新战略、资源、形象及能力；政策引导、市场压力等维度。

5.3 数字化创新战略作用机理的正式调研与数据收集

5.3.1 问卷调研的样本选择

针对制造企业数字化创新战略影响绩效机制与驱动因素，本研究借助于管理者主观感知来展开深入探讨分析，从制造企业与个体两大层面来选择被调研样本，所收集数据广泛涉及山东、广东、浙江、四川、江苏等诸多省份及直辖市。选择东部地区是我国先进制造业发展的主力军，而东北老工业基地、西北老工业基地等这些经济区域作为研究对象，经济发展相对较早，是众多的制造行业企业聚集之地。同时，企业成立时间、所有权性质差异而形成的企业类型多元化、地域分散性等问题充分考量于选择样本环节，致力于能够广泛涉及各地区企业，从而得到极具典型性与适用性的研究结果。并且，研究所需考量因素中也包含从时间、空间两大层面来收集数据的可行性。

本研究需系统评估制造企业管理者实施运营数字化创新战略情况，因而所选择的调查对象广泛涉及高层管理者及部门负责人，其能精准全面把握制造企业今后发展方向、战略布局规划等情况，并直接参与制定战略与作出发展决策，因而影响企业选择数字化创新战略的关键要素就是管理者与部门负责人价值理念与内在特征。

上文已明确在问卷初始部分介绍说明问卷调查的目的、意义等内容，能够良好地保护被测试者个人隐私，使其消除顾虑真实客观填写相关信息，良好避免了同源偏差问题。与此同时，研究者们细化分割问卷为多个部分，各企业管理者有针对性地作答相关内容，防止彼此关联制约，能够确保得到真实可靠数据。

5.3.2 问卷调研的数据收集

影响课题研究质量与成效的关键因素就是发放与回收问卷水平。典型性不突出、有效问卷回收率低、数据真实可靠性差等问题是以往开展问卷调查存在的诸多不足。本书研究者基于良好保障数据可靠性与代表性，利用网络、线上发放、电话等多元化媒介有效发放调查问卷，畅通高效沟通联系，及时为被调查者解答疑问、排除困惑。收集问卷的路径媒介具体如下所示。

（1）借助于行业协会、科研机构来发放调查问卷。课题研究团队与市场监管局、经济管理办公室等部门、协会日常建立密切联系，委托其来协助向企业发放调查问卷。被调研企业利用该方式来发放调查问卷极易产生排斥、恐惧等情绪，需在填写调查问卷前将课题研究目的传达给被调研者，消除其潜在忧虑等，进而结合实际如实进行问卷填写。

（2）依托山东等一些地区高校平台将问卷发放给 MBA、EMBA 学员，借助于学员丰富的社会关系网将问卷发放给达标企业管理者。由于这些高校学员大部分为企业高层管理者，能够被所赠送课题研究报告良好吸引，但应作出真诚承诺并有效利用相关数据。

（3）将问卷发放给作者社会网络中相关联企业。在深入展开学术调研的过程中，作者积累了丰富的社会关系网络，可借助其来寻找关系密切企业，基于其供应链来介绍推荐合作商、上下游企业等，有效发放调查问卷。

（4）为了防止供应链中合作企业间的群同效应和上下游传导机制，给数据收集带来系统性的误差问题，本研究采用网络平台对数据进行补充收集，将问卷投放到更大的样本库中，可以保证数据收集的随机性和多样性；通过省份、城市等质量控制限制答题范围，保证数据的典型性。

基于上述媒介途径，作者在 2022 年 6~10 月集中展开正式调研，共计发放 1023 份调查问卷，收回 461 份问卷，其中有效问卷 375 份，问卷回收有效率为 81.3%。

5.4 本章小结

本章基于文献研究和扎根理论分析的结果，按照量表开发的规范化步骤，对制造企业数字化创新战略作用机理的 9 个维度进行问卷题项编制，并邀请相关领域专家对初始量表进行讨论与校对，最终形成 41 个题项的初始问卷量表，其中政策引导维度包含 5 个测量题项、市场压力维度包含 5 个测量题项、数字化资源维度包含 5 个测量题项、数字化能力维度包含 4 个测量题项、管理者支持维度包含 4 个测量题项、数字化创新战略维度包含 5 个测量题项、数字化形象维度包含 5 个测量题项、经济绩效维度包含 4 个测量题项、创新绩效维度包含 4 个测量题项。

进一步，本研究采用问卷调查方法，通过预调研对数字化创新战略作用机理的问卷量表题项进行净化。通过对收集到的 230 份制造企业的有效数据进行信度检验和探索性因子分析，将 5 项不符合检验标准的题项剔除后，保留了 36 个题项，并根据预调研的反馈对题项表述进行内容微调，形成了制造企业数字化创新战略作用机理的最终问卷量表。研究以此为基础编制了正式的问卷调查，通过正式调查共收取了 375 份有效问卷，为制造企业数字化创新战略作用机理的实证分析提供科学有效的数据。

第 **6** 章

制造企业数字化创新战略
作用机理的实证分析

研究的第 3 章通过扎根理论研究归纳出了制造企业数字化创新战略的关键驱动因素以及作用关系的逻辑框架。第 4 章提出了制造企业数字化创新战略作用机理的理论模型和假设。第 5 章开发了制造企业数字化创新战略作用机理的测量量表。在此基础上，本章进一步对制造企业数字化创新战略的作用机理模型进行实证分析。具体而言，本章主要内容包括：（1）对问卷结构和数据的检验与分析，包括描述性统计、共同方法偏差检验、信度与效度检验；（2）实证检验数字化创新战略的驱动效应；（3）实证检验数字化创新战略与企业绩效的关系及作用路径；（4）总结假设检验结果。

6.1　样本数据的描述性统计

1. 样本数据频率分析

首先，对样本数据进行频率分析，详见表 6 - 1。基于企业员工规模维度，22 家制造企业员工数量少于 100 人，占据 5.9% 的比重；53 家制造企业员工数量在 100 ~ 299 人，占据 14.1% 的比重；79 家制造企业员工数量在 300 ~ 499 人，占据 21.1% 的比重；85 家制造企业员工数量

在 500~999 人，占据 22.7% 的比重；63 家制造企业员工数量在 1000~
1999 人，占据 16.7% 的比重；73 家制造企业员工数量在 2000 人以上，
占据 19.5% 的比重。

表 6-1 基本信息频率统计

题项	选项	频率	百分比（%）
员工数量	少于 100 人	22	5.9
	100~299 人	53	14.1
	300~499 人	79	21.1
	500~999 人	85	22.7
	1000~1999 人	63	16.7
	2000 人以上	73	19.5
企业收入	少于 500 万元	8	2.1
	500 万~5000 万元	62	16.5
	0.5 亿~1 亿元	103	27.5
	1 亿~3 亿元	97	25.9
	多于 3 亿元	105	28
企业年龄	3 年以下	14	3.7
	3~5 年	150	40
	5~10 年	123	32.8
	10 年以上	88	23.5
产权性质	国有企业	96	25.6
	民营企业	262	69.9
	其他	17	4.5

从企业收入来看，年收入少于 500 万元的制造企业有 8 家，占比
2.1%，年收入在 500 万~5000 万元的制造企业有 62 家，占比 16.5%，
年收入在 0.5 亿~1 亿元的制造企业有 103 家，占比 27.5%，年收入在

1 亿~3 亿元的制造企业有 97 家，占比 25.9%，年收入大于 3 亿元的制造企业有 105 家，占比 28%。

从企业年龄来看，制造企业成立 3 年以下的有 14 家，占比 3.7%，制造企业成立 3~5 年的有 150 家，占比 40%，制造企业成立 5~10 年的有 123 家，占比 32.8%，制造企业成立 10 年以上的有 88 家，占比 23.5%。

从产权性质来看，国有性质的制造企业有 96 家，占比 25.6%，民营性质的制造企业有 262 家，占比 69.9%，其他性质的制造企业有 17 家，占比 4.5%。

从员工数量、企业收入、企业年龄来看，样本数据主要集中在 100 人以上、年收入 500 万元以上、企业成立三年以上的企业，这说明目前中国制造企业的数字化创新主要集中在中大型企业。从产权性质来看，国有企业和民营企业共占 95.5%，而民营企业占 69.9%，说明我国数字化创新活动在我国民营企业中比国有企业更活跃。

2. 样本数据统计分析

其次，利用 SPSS 软件对样本数据进行统计分析。本研究提出的关系模型中包括 9 个变量，分别为政策引导、市场压力、数字化资源、数字化能力、管理者支持、数字化创新战略、数字化形象、经济绩效和创新绩效，变量下设 36 个题项，参照李克特 7 级量表来设计量表，得到的最小值、最大值分别为 1、7。若量表具有越高分值，表明具备越高的对应评价水平。表 6-2 为 36 个题项描述性统计结果。正态分布性检验调研数据的结果用偏度与峰度来表示，一般而言，若偏度、峰度绝对值分别小于 1、3，反映出样本与正态分布特征相符。通过表内相关数据可以发现，全部测量问项偏度、峰度绝对值分别小于 1、3，基本可认定对于上述临界值要求，经本研究测试问项展开样本数据调查的结果基本相符，可展开课题深化探究。

表 6 – 2   模型各变量测项的描述性统计结果

变量	测量题项	均值	标准差	峰度	偏度
政策引导	1	3.595	1.337	−0.833	−0.556
	2	3.567	1.326	−0.903	−0.493
	3	3.405	1.352	−0.979	−0.369
市场压力	1	3.615	1.380	−0.850	−0.612
	2	3.773	1.354	−0.550	−0.799
	3	3.498	1.422	−1.109	−0.432
数字化资源	1	4.632	1.408	−0.311	−0.452
	2	4.676	1.409	−0.312	−0.413
	3	4.615	1.386	−0.170	−0.606
	4	4.636	1.393	−0.101	−0.492
数字化能力	1	4.247	1.182	−0.564	−0.222
	2	4.186	1.164	−0.221	−0.368
	3	4.227	1.161	−0.340	−0.373
	4	4.360	1.205	−0.711	−0.118
管理者支持	1	4.522	1.975	−1.016	−0.357
	2	4.482	1.852	−0.851	−0.399
	3	4.482	1.865	−0.981	−0.299
	4	4.482	1.821	−0.873	−0.245
数字化创新战略	1	4.943	1.248	0.936	−0.727
	2	4.887	1.204	0.843	−0.582
	3	5.126	1.150	1.076	−0.831
	4	5.061	1.220	1.745	−0.997
	5	4.988	1.215	1.319	−0.841
数字化形象	1	4.927	1.472	0.201	−0.707
	2	5.028	1.463	0.166	−0.850
	3	5.113	1.333	0.719	−0.874
	4	5.008	1.316	0.272	−0.662
	5	4.992	1.352	0.092	−0.631

变量	测量题项	均值	标准差	峰度	偏度
经济绩效	1	5.020	1.267	−0.641	−0.208
	2	4.818	1.329	−0.727	−0.038
	3	5.146	1.280	−0.819	−0.170
	4	5.040	1.239	−0.743	0.013
创新绩效	1	4.636	1.363	−0.764	0.119
	2	4.441	1.357	−0.523	0.027
	3	4.312	1.416	−0.587	0.015
	4	4.421	1.301	−0.485	0.141

6.2 样本数据的共同方法偏差检验

共同方法偏差指的是在收集数据环节，受到相同数据来源、项目语境、测量环境、评分者及项目特点等因素的共同制约，使得校标与预测变量间产生的人为共变。系统与随机误差是问卷测量误差的两种主要类型，统计分析结构因数据同源形成共同方法偏差而造成混乱，是系统误差的典型特征。误差独特性相关模型、偏相关法、Harman 单因素检验、直接乘积模型、偏相关法是对共同方法偏差检验的主要方法。在研究数据检验共同方法偏差环节，作者优选 Harman 单因素法，也就是所有量表题项展开主成分分析，对特征值大于 1 成本进行提取，从而保障获得精准有效统计分析结果。表 6 - 3 为实际检验结果表，提取 9 个公因子的特征值都大于 1，得到 75.342% 累计方差解释率、9.660% 因子解释量，相较于标准值 40% 偏低，大部分变异量无法利用一个公因子解释，从侧面反映出研究中共同方法偏差问题不显著，可进一步研究分析实证结果。

表 6 - 3 共同方法偏差检验

成分	初始特征值			提取平方和载入		
	合计	方差（%）	累积（%）	合计	方差（%）	累积（%）
1	9.243	25.675	25.675	3.478	9.660	9.660
2	4.436	12.324	37.999	3.392	9.422	19.082
3	2.780	7.723	45.722	3.273	9.092	28.174
4	2.736	7.601	53.323	3.272	9.090	37.264
5	2.100	5.834	59.156	3.021	8.392	45.655
6	1.899	5.275	64.431	2.745	7.624	53.280
7	1.556	4.321	68.752	2.672	7.423	60.703
8	1.292	3.589	72.341	2.641	7.336	68.039
9	1.080	3.001	75.342	2.629	7.304	75.342

6.3 测量量表的信度和效度检验分析

6.3.1 测量量表的信度检验

根据计算结果总问卷的克隆巴赫系数为 0.909。对量表的信度检验结果如表 6 - 4 所示。政策引导变量包含 3 个题项，Cronbach's α 系数为 0.919，市场压力变量包含 3 个题项，Cronbach's α 系数为 0.921，数字化资源变量包含 4 个题项，Cronbach's α 系数为 0.881，数字化能力变量包含 4 个题项，Cronbach's α 系数为 0.829，此外还有涵盖 4 个题项的管理者支持变量，得到 0.918 的 Cronbach's α 系数，5 个题项的数字化创新战略变量、数字化形象变量，分别得到 0.868、0.896 的 Cronbach's α 系数，4 个题项的经济绩效变量、创新绩效变量，分别得到 0.838、0.917 的 Cronbach's α 系数。综上，政策引导和市场压力变量、数字化资源、数字化能力、数字化创新战略、管理者支持、数字化形象、经济绩效、创新绩效等变量的 Cronbach's α 系数均大于 0.8，信度很高。除此之外，而且所有题项与所属变量的相关系数 CITC 值均大于 0.4，且删除任一题项各量表的 Cronbach's α 系数值都未有显著提升，表明问卷中各变量的题项设置情况较好，说明问卷总体信度非常高，检验 36 个题项全部通过，予以保留。与此同时，检测要求与 Cronbach's α 系数相符，表明问卷与样本数据内部一致性与可信度较高，本书的研究工具选择包含调查问卷。

表 6 - 4　　　　　　　　模型各变量的信度检验结果

变量	测量题项	CITC 值	项已删除的 α 系数值	Cronbach α 系数值
政策引导	1	0.883	0.844	0.919
	2	0.897	0.833	
	3	0.735	0.964	
市场压力	1	0.863	0.868	0.921
	2	0.843	0.885	
	3	0.816	0.907	
数字化资源	1	0.795	0.826	0.881
	2	0.755	0.841	
	3	0.729	0.852	
	4	0.688	0.867	
数字化能力	1	0.705	0.762	0.829
	2	0.616	0.803	
	3	0.637	0.793	
	4	0.668	0.779	
管理者支持	1	0.799	0.898	0.918
	2	0.815	0.892	
	3	0.826	0.888	
	4	0.807	0.895	
数字化创新战略	1	0.752	0.835	0.868
	2	0.663	0.857	

变量	测量题项	CITC 值	项已删除的 α 系数值	Cronbach α 系数值
数字化创新战略	3	0.670	0.855	0.868
	4	0.655	0.851	
	5	0.717	0.831	
数字化形象	1	0.672	0.890	0.896
	2	0.772	0.867	
	3	0.714	0.880	
	4	0.772	0.867	
	5	0.798	0.861	
经济绩效	1	0.664	0.797	0.838
	2	0.661	0.799	
	3	0.681	0.789	
	4	0.672	0.794	
创新绩效	1	0.795	0.897	0.917
	2	0.835	0.883	
	3	0.784	0.902	
	4	0.827	0.887	

6.3.2 测量量表的效度检验

效度包括内容效度、建构效度等。内容效度，是指测验或量表内容与题目的切实性与代表性[254]。量表对理论构念或特质精准测量的水平就是指建构效度，所涉及类型包括收敛与区分效度。在计算各变量的收敛效度和区分效度之前，需对因子与题项匹配关系利用探索性因素分析（EFA）有效分析提取，进而对题项相同因素存在性作出科学检验，使量表构念得到有效探索。进而，采用验证性因子分析（CFA）测量变量与因素构面的契合度，对变量收敛与区分效度展开科学计算，作出量表建构效度是否优良的科学判断。

1. 探索性因子分析

使用 KMO 和 Bartlett 检验进行验证，从表 6-5 可以看出：KMO 值为 0.813 > 0.80，Bartlett 球度检验 P 值小于 0.001，所以对 Bartlett 球度检验无效假设予以拒绝，表明样本量表信息提取十分适宜，展开因子分析可行度较高。

表 6-5 **KMO 和 Bartlett 的检验**

KMO 值		0.862
Bartlett 球形度检验	近似卡方	6069.441
	df	630
	p 值	0.000

本研究采取主成分分析法，抽取特征值大于1的因子，详见表 6-6。从表中可知：因子分析共提取出 9 个公因子，特征值均大于 1，此 9 个因子旋转后的方差贡献率分别是 9.660%、9.422%、9.092%、9.090%、8.392%、7.624%、7.423%、7.336%、7.304%，达到了高于 60% 的 75.342% 的累计贡献率。36 个问题选项在经正交旋转法有效旋转的基础上，划分为 9 种类型因子，各题项得到了大于 0.5 的负荷，表明其涉及了较为全面信息，双重因子高负荷问题没有发生，基于理论预设在各维度中良好聚合观测变量。综上所述，本研究选用量表结构效度优良。

表 6-6 **因子分析结果**

变量	题项	因子载荷系数								
		因子1	因子2	因子3	因子4	因子5	因子6	因子7	因子8	因子9
政策引导	1	0.111	0.046	0.031	0.036	0.028	0.008	0.052	**0.943**	0.050
	2	0.092	0.075	0.017	0.004	0.069	0.006	0.037	**0.947**	0.057
	3	0.074	0.028	-0.101	0.023	0.013	0.027	0.047	**0.853**	0.149

变量	题项	因子载荷系数								
		因子1	因子2	因子3	因子4	因子5	因子6	因子7	因子8	因子9
市场压力	1	0.176	0.080	0.028	0.100	0.038	0.046	−0.026	0.086	**0.908**
	2	0.145	0.103	0.047	0.099	0.064	0.020	0.046	0.115	**0.899**
	3	0.114	0.098	−0.047	0.184	0.063	0.095	0.071	0.074	**0.874**
数字化资源	1	0.183	0.173	0.038	0.036	**0.826**	0.062	0.199	0.007	0.023
	2	0.188	0.147	0.115	0.015	**0.810**	0.082	0.128	0.017	0.080
	3	0.151	0.260	−0.048	0.080	**0.784**	0.132	0.127	0.076	−0.002
	4	0.209	0.040	0.133	0.046	**0.788**	−0.077	0.134	0.027	0.076
数字化能力	1	0.097	0.134	0.092	0.109	0.166	0.011	**0.816**	0.045	0.034
	2	0.207	0.142	0.077	0.071	0.092	0.103	**0.730**	0.011	0.123
	3	0.210	0.126	0.034	0.198	0.143	0.015	**0.710**	0.092	−0.021
	4	0.209	0.089	0.104	0.178	0.191	0.110	**0.730**	0.013	−0.040
管理者支持	1	0.047	0.197	0.050	**0.849**	0.036	−0.025	0.117	−0.062	0.119
	2	0.070	0.070	0.011	**0.864**	0.035	−0.012	0.179	0.069	0.122
	3	0.064	0.115	−0.014	**0.889**	0.049	−0.063	0.078	0.046	0.068
	4	0.089	0.102	−0.047	**0.871**	0.045	0.037	0.128	0.015	0.080
数字化创新战略	1	0.251	**0.753**	0.067	0.161	0.174	0.101	0.143	0.071	0.042
	2	0.050	**0.778**	0.048	0.042	0.161	−0.041	0.205	−0.018	−0.042
	3	0.133	**0.775**	−0.024	0.097	0.108	0.028	0.046	0.032	0.139
	4	0.267	**0.691**	0.006	0.122	0.116	0.025	0.048	0.096	0.089
	5	0.178	**0.788**	0.083	0.125	0.064	0.089	0.086	0.013	0.094
数字化形象	1	**0.702**	0.222	0.021	0.045	0.060	0.101	0.195	0.056	0.198
	2	**0.759**	0.245	0.116	0.050	0.172	0.119	0.172	0.085	0.121
	3	**0.705**	0.193	0.038	0.087	0.307	0.080	0.131	0.090	0.092
	4	**0.772**	0.141	0.130	0.079	0.273	0.039	0.162	0.120	0.082
	5	**0.822**	0.169	0.116	0.082	0.122	0.092	0.181	0.043	0.086
经济绩效	1	0.039	−0.046	0.373	0.029	0.057	**0.713**	0.024	0.034	0.070
	2	0.095	0.052	0.284	−0.008	0.065	**0.753**	0.028	0.099	−0.010

变量	题项	因子载荷系数								
		因子1	因子2	因子3	因子4	因子5	因子6	因子7	因子8	因子9
经济绩效	3	0.133	0.039	0.224	-0.080	0.058	**0.788**	0.111	-0.045	0.027
	4	0.081	0.128	0.279	-0.000	0.004	**0.758**	0.058	-0.032	0.100
创新绩效	1	0.055	0.013	**0.805**	-0.008	0.064	0.350	0.106	0.051	0.021
	2	0.116	0.036	**0.863**	0.006	0.101	0.228	0.102	-0.007	0.025
	3	0.078	0.127	**0.820**	0.020	0.012	0.305	0.022	-0.059	-0.021
	4	0.102	-0.004	**0.847**	-0.020	0.072	0.264	0.087	-0.052	-0.001
特征值（旋转后）		3.478	3.392	3.273	3.272	3.021	2.745	2.672	2.641	2.629
方差贡献率%（旋转后）		9.660	9.422	9.092	9.090	8.392	7.624	7.423	7.336	7.304
累计贡献率%（旋转后）		9.660	19.082	28.174	37.264	45.655	53.280	60.703	68.039	75.342

2. 收敛效度检验

收敛效度是指当采用两种不同的测量工具来测量同一概念时所获得的分类是高度相关的[312]。通过组合信度（CR）和平均方差提取值（AVE）来检验收敛效度。组合信度通常大于0.7，AVE＞0.5为达到标准。

表6-7具体展现了变量观测值因子载荷、平均方差萃取值（AVE）、组合信度（CR）。经系统分析能够发现，题项因素得到了高于0.6的载荷值，具有较高的收敛效率，变量达到与标准相符的高于0.7的组合信度（CR）、高于0.5的平均方差萃取值（AVE），获得的显著性概率P小于0.001，反映出显著关系存在于9个变量与测量指标变量间，量表结构模型具有良好收敛能力。

表 6 – 7　　　　　　　　　　收敛效度分析结果

变量	测量题项	标准载荷系数 Std. Estimate	标准误 Std. Error	显著性 P	平均方差萃取 AVE	组合信度 CR
政策引导	1	0.954	—	—	0.808	0.926
	2	0.975	0.033	0.000		
	3	0.750	0.049	0.000		
市场压力	1	0.924	—	—	0.799	0.922
	2	0.896	0.045	0.000		
	3	0.860	0.049	0.000		
数字化资源	1	0.871	—	—	0.652	0.882
	2	0.815	0.061	0.000		
	3	0.800	0.061	0.000		
	4	0.739	0.063	0.000		
数字化能力	1	0.780	—	—	0.551	0.831
	2	0.691	0.083	0.000		
	3	0.725	0.083	0.000		
	4	0.769	0.086	0.000		
管理者支持	1	0.847	—	—	0.737	0.918
	2	0.863	0.056	0.000		
	3	0.872	0.056	0.000		
	4	0.854	0.056	0.000		
数字化创新 战略	1	0.842	—	—	0.569	0.868
	2	0.705	0.068	0.000		
	3	0.715	0.064	0.000		
	4	0.717	0.068	0.000		
	5	0.784	0.066	0.000		
数字化形象	1	0.719	—	—	0.640	0.898
	2	0.840	0.092	0.000		
	3	0.768	0.083	0.000		
	4	0.821	0.082	0.000		
	5	0.843	0.085	0.000		

续表

变量	测量题项	标准载荷系数 Std. Estimate	标准误 Std. Error	显著性 P	平均方差萃取 AVE	组合信度 CR
经济绩效	1	0.750	—	—	0.564	0.838
	2	0.738	0.094	0.000		
	3	0.759	0.091	0.000		
	4	0.757	0.088	0.000		
创新绩效	1	0.848	—	—	0.737	0.918
	2	0.880	0.058	0.000		
	3	0.830	0.063	0.000		
	4	0.875	0.056	0.000		

3. 区分效度检验

本研究采用 Pearson 相关系数进行区分效度检验，AVE 平方根的余值为相关系数，表示变量之间的相关关系，若相较于变量与其他变量的关联系数绝对值，变量 AVE 平方根值更高，且全部变量普遍具有该特征，反映出其区分效度优良。

区分效度分析结果详见表 6-8。针对政策引导，相较于变量相关系数绝对值的最大值 0.226，AVE 平方根值更高且达到 0.899，表明该变量区分效度优良。从市场压力维度来看，相较于变量相关系数绝对值的最大值 0.342，其 AVE 平方根值更高且达到 0.894，表明该变量区分效度优良。从数字化资源维度来看，相较于变量间相关系数绝对值的最大值 0.498，其 AVE 平方根值更高且达到 0.807，表明该变量区分效度优良。从数字化能力维度来看，相较于变量间相关系数绝对值的最大值 0.494，其 AVE 平方根值更高且达到 0.742，表明该变量区分效度优良。从管理者支持维度来看，相较于变量间相关系数绝对值的最大值 0.340，其 AVE 平方根值更高且达到 0.859，表明该变量区分效度优良。从数字化创新战略维度来看，相较于变量间相关系数绝对值的最大值 0.506，其 AVE 平方根值更高且达到 0.754，表明该变量区分效度优良。

从数字化形象维度来看，相较于变量间相关系数绝对值的最大值0.506，其AVE平方根值更高且达到0.800，表明该变量区分效度优良。从经济绩效维度来看，相较于变量间相关系数绝对值的最大值0.641，其AVE平方根值更高且达到0.751，表明该变量区分效度优良。从创新绩效维度来看，相较于变量间相关系数绝对值的最大值0.641，其AVE平方根值更高且达到0.859，表明该变量区分效度优良。由此可知，9个变量的AVE平方根值均符合标准，故说明量表具有很好的区分效度。

表6-8　　　　　　　　　区分效度分析结果

维度	政策引导	市场压力	数字化资源	数字化能力	管理者支持	数字化创新战略	数字化形象	经济绩效	创新绩效
政策引导	**0.899**								
市场压力	0.212	**0.894**							
数字化资源	0.119	0.174	**0.807**						
数字化能力	0.135	0.153	0.424	**0.742**					
管理者支持	0.074	0.270	0.164	0.340	**0.859**				
数字化创新战略	0.141	0.245	0.399	0.375	0.309	**0.754**			
数字化形象	0.226	0.342	0.498	0.494	0.232	0.506	**0.800**		
经济绩效	0.048	0.138	0.175	0.204	-0.000	0.158	0.270	**0.751**	
创新绩效	-0.011	0.059	0.193	0.233	0.025	0.145	0.257	0.641	**0.859**

注：斜对角线加粗数字为AVE平方根值。

6.4　制造企业数字化创新战略驱动效应的实证检验

6.4.1　数字化创新战略驱动效应中变量间的相关性分析

相关分析用于研究定量数据之间的关系情况，能够对相关关系是否存在、密切水平等作出初步评估判断，并预先理解假设情况。所以，正式假设检验之前，本研究采用 Pearson 相关分析对变量数据的相关性进行初步判断，相关分析结果详见表6－9。

表6－9　　　　　　　数字化创新战略驱动效应的相关性检验

维度	均值	标准差	数字化创新战略	政策引导	市场压力	数字化资源	数字化能力	管理者支持
数字化创新战略	5.001	0.977	1					
政策引导	3.522	1.242	0.141*	1				
市场压力	3.629	1.288	0.245**	0.212**	1			
数字化资源	4.640	1.200	0.399**	0.119	0.174**	1		
数字化能力	4.255	0.958	0.375**	0.135*	0.153*	0.424**	1	
管理者支持	4.492	1.683	0.309**	0.074	0.270**	0.164**	0.340**	1

注：$*p<0.05$，$**p<0.01$。

从表6－9可知，利用相关分析研究五项题项相关关系，分别为数字化创新战略和政策引导、市场压力、数字化资源、数字化能力、管理者支持，相关关系强弱水平借助于 Pearson 相关系数良好展示。相关分析情况如下：

从均值可以看出，内部环境的驱动因素：数字化资源和数字化能力的均值分别为 4.640 和 4.255，大于外部环境驱动因素，分别得到 3.522、3.629 政策引导与市场压力平均值，反映出制造企业数字化创新战略决策的关键影响要素就是自身内部条件。

从相关系数来分析，显著性广泛存在于数字化创新战略与政策引导、市场压力、数字化资源、数字化能力、管理者支持共 5 项间，分别得到 0.141、0.245、0.399、0.375、0.309 高于 0 的相关系数值，反映出五大题项间正相关关系显著存在。

6.4.2　数字化创新战略驱动效应模型拟合度检验

本研究使用 AMOS21.0 对制造企业数字化创新战略驱动因素的量表进行拟合度检验，验证性因子模型参照探索性因子分析结果建立，在评价模型适配性的过程中选择考察结构方程拟合指标，若符合标准，则说明本研究所建立的制造企业数字化创新战略驱动效应模型可以有效测量相关潜变量。

实践过程中，所选用的模型拟合度指标主要包括：（1）一般卡方与自由度比值，即 $1 < x^2/df < 3$，若比值小于 1，说明模型拟合过度；比值大于 3，说明模型不具有良好适配性。（2）拟合、调整拟合优度指数，即 GFI、AGFI，该值与 1 趋近度越高，模型的拟合度越高，通常以 0.8 为标准。（3）递增拟合指数（IFI）、塔克—刘易斯指数（TLI）、比较适配指数（CFI）的值通常在 0 与 1 之间，当指数值等于 1 时，说明数据完全拟合模型，通用标准为 0.9。（4）近似误差的均方根（RMSEA）是总体差异与自由度的比值，通常小于 0.08。

从表 6 - 10 的拟合度指标值可以看出，模型的拟合度指标 x^2/df、GFI、AGFI、IFI、TLI、CFI、RMSEA 的值分别为 1.375（<3）、0.863（>0.8）、0.837（>0.8）、0.964（>0.9）、0.959（>0.9）、0.964（>0.9）、0.039（<0.10）。说明本研究的验证性因子分析各项指标均已达标，模型总体拟合度较好，故对模型进一步进行分析。

表 6 - 10　　　　数字化创新战略驱动效应模型拟合度指标

指标	x^2/df	GFI	AGFI	IFI	TLI	CFI	RMSEA
统计值	1.375	0.863	0.837	0.964	0.959	0.964	0.039
参考值	<3	>0.8	>0.8	>0.9	>0.9	>0.9	<0.10
达标情况	达标	达标	达标	达标	达标	达标	达标

6.4.3 数字化创新战略驱动效应的路径分析

本研究深入回归分析制造企业数字化创新战略驱动效应模型。基于上述理论探究，模型 1 在数字化创新战略回归模型中纳入了控制与自变量；模型 2 将政策引导、市场压力、数字化资源和数字化能力作为自变量，分别建立驱动数字化创新战略的回归模型。通过多层回归分析，反映回归系数显著性、变量间影响水平与关系的 P 值与路径回归系数予以明确[257]。数字化创新战略驱动效应模型回归分析结果详见表 6 – 11。由表可知：

1. 政策引导与制造企业数字化创新战略之间的假设验证

政策引导对于制造企业数字化创新战略影响时，此路径呈现出显著性（$\beta = 0.147$，$p < 0.05$）。由此可知，假设 H1 成立。

2. 市场压力对制造企业数字化创新战略之间的假设验证

市场压力对于制造企业数字化创新战略影响时，此路径呈现出显著性（$\beta = 0.223$，$p < 0.05$）。由此可知，假设 H2 成立。

3. 数字化资源对制造企业数字化创新战略之间的假设验证

数字化资源对于制造企业数字化创新战略影响时，此路径呈现出显著性（$\beta = 0.383$，$p < 0.001$）。由此可知，假设 H3 成立。

4. 数字化能力对制造企业数字化创新战略之间的假设验证

数字化能力对于制造企业数字化创新战略影响时，此路径呈现出显著性（$\beta = 0.356$，$p < 0.001$）。由此可知，假设 H4 成立。

表 6 – 11 数字化创新战略驱动效应模型回归分析结果

路径分析	B	t	p	β
政策引导→数字化创新战略	0.115	2.325	0.021	0.147
市场压力→数字化创新战略	0.169	3.515	0.001	0.223

路径分析	B	t	p	β
数字化资源→数字化创新战略	0.312	6.426	0.000	0.383
数字化能力→数字化创新战略	0.363	5.879	0.000	0.356

6.4.4 管理者支持的调节效应假设检验

本书借助于多元层级回归来检验管理者支持的调节效应，因共线性问题存在于自变量、调节变量与交互项间，因而中心化处理自变量与调节变量，避免出现共线性问题。在参考文献资料检验调节效应结论的基础上，搭建形成3个多元回归模型。（1）模型将控制变量引入其中，通过有效控制自变量、调节变量与交互项，来有效避免发生伪回归现象，削弱调节变量敏感性；（2）模型将自变量、调节与控制变量引入其中，对因变量是否受到自变量与调节变量影响进行科学验证，明确模型解释力并对 R^2 大小作出合理判断；（3）将三大变量引入到模型中的同时，还同步将自变量与调节变量交互项引入其中，若产生显著交互项回归系数且大幅提高 R^2 值，表明调节变量能够有效调节自变量与因变量关系。

1. 管理者支持对政策引导与数字化创新战略调节作用检验

管理者支持对政策引导与数字化创新战略调节作用回归结果如表6-12所示。调节作用分为3个模型，模型1中控制变量包括自变量（政策引导），以及员工数量、销售收入、企业年龄、产权性质等4个；基于模型1，管理者支持调节变量加入模型2中；基于模型2，调节与自变量乘积项而形成的交互项加入模型3中。通过设置模型1，能够验证政策引导自变量在不受到管理者支持调节变量影响的前提下影响数字化创新战略因变量实际水平。根据表内数据能够发现，因 $β = 0.147$，$p = 0.021 < 0.05$，政策引导自变量显著性较强，表明其会极大影响数字化创新战略。根据模型2和模型3可以看出，R^2 值从模型2到模型3发

生了显著的变化，因 $\beta = 0.180$，$p = 0.004 < 0.05$，政策引导与管理者支持的交互项显著性较强，表明，由于管理者支持调节变量水平不同，使得政策引导自变量明显差异化影响数字化创新战略，因而验证完全成立假设 H5a。

表 6-12　　　　管理者支持对政策引导与数字化创新战略调节作用回归结果

因变量：数字化创新战略	模型 1		模型 2		模型 3	
	p	β	p	β	p	β
常数	0.000 **	—	0.000 **	—	0.000 **	—
员工数量	0.006 **	0.229	0.032 *	0.173	0.035 *	0.168
销售收入	0.201	-0.107	0.224	-0.098	0.130	-0.121
企业年龄	0.703	0.024	0.520	0.039	0.607	0.031
产权性质	0.681	-0.027	0.404	-0.052	0.342	-0.058
政策引导	0.021 *	0.147	0.036 *	0.128	0.056	0.115
管理者支持			0.000 **	0.285	0.000 **	0.247
政策引导 * 管理者支持					0.004 **	0.180
R^2	0.055		0.133		0.165	
调整 R^2	0.034		0.112		0.148	
F 值	$F_{(5241)} = 2.784$, $p = 0.018$		$F_{(6240)} = 6.097$, $p = 0.000$		$F_{(7239)} = 6.609$, $p = 0.000$	
ΔR^2	0.054		0.078		0.030	
ΔF 值	$F_{(5241)} = 2.784$, $p = 0.018$		$F_{(1240)} = 21.535$, $p = 0.000$		$F_{(1239)} = 8.531$, $p = 0.004$	

注：* $p < 0.05$，** $p < 0.01$。

根据管理者支持对政策引导与数字化创新战略调节作用的效果图 6-1 可知，在高水平的管理者支持下，政策引导对数字化创新战略的正向作用较强；在低水平的管理者支持下，政策引导对数字化创新战略的正向作用较弱。通过实证结果可以看出，管理者支持对政策引导与数字化创新战略之间的关系具有正向的调节作用。

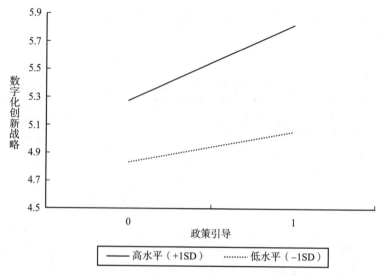

图6-1 管理者支持对政策引导与数字化创新战略调节效果

2. 管理者支持对市场压力与数字化创新战略调节作用检验

管理者支持对市场压力与数字化创新战略调节作用回归结果如表6-13所示。通过划分3个模型来研究调节作用，模型1中自变量为市场压力，控制变量包括企业成立时间、产权性质、员工规模及销售收入；基于模型1，将管理者支持调节变量加入模型2中；基于模型2，调节变量与自变量乘积项而形成的交互项加入模型3中。通过设置模型1，能够验证市场压力自变量在不受到管理者支持调节变量影响的前提下影响数字化创新战略因变量实际水平。根据表内数据能够发现，因$\beta = 0.223$，$p = 0.001 < 0.01$，市场压力自变量显著性影响较强，表明其会极大影响数字化创新战略。根据模型2和模型3可以看出，R^2值从模型2到模型3没有发生显著的变化，且因$\beta = -0.081$，$p = 0.202 > 0.05$，市场压力与管理者支持的交互项未呈现出显著性，表明，由于管理者支持调节变量水平不同，使得市场压力自变量保持大致相同影响数字化创新战略幅度，因而对假设 H5b 拒绝。

表6-13　　　管理者支持对市场压力与数字化创新战略调节作用回归结果

因变量: 数字化创新战略	模型1		模型2		模型3	
	p	β	p	β	p	β
常数	0.000 **	—	0.000 **	—	0.000 **	—
员工数量	0.040 *	0.171	0.093	0.137	0.099	0.134
销售收入	0.291	-0.087	0.305	-0.082	0.229	-0.097
企业年龄	0.666	0.027	0.511	0.039	0.582	0.033
产权性质	0.575	-0.036	0.338	-0.053	0.319	-0.062
政策引导	0.001 *	0.223	0.011 *	0.162	0.014 *	0.156
管理者支持			0.000 **	0.255	0.000 **	0.242
政策引导 * 管理者支持					0.202	-0.081
R^2	0.080		0.140		0.145	
调整 R^2	0.061		0.118		0.120	
F 值	$F_{(5241)}=4.211$, $p=0.001$		$F_{(6240)}=6.490$, $p=0.000$		$F_{(7239)}=5.812$, $p=0.000$	
ΔR^2	0.080		0.059		0.006	
ΔF 值	$F_{(5241)}=4.211$, $p=0.0019$		$F_{(1240)}=16.529$, $p=0.000$		$F_{(1239)}=1.637$, $p=0.202$	

注: $*p<0.05$, $**p<0.01$。

3. 管理者支持对数字化资源与数字化创新战略调节作用检验

管理者支持对数字化资源与数字化创新战略调节作用回归结果如表6-14所示。通过划分3个模型来研究调节作用，模型1内涉及自变量数字化资源，控制变量涵盖企业成立时间、产权性质、员工规模及销售收入；基于模型1，管理者支持调节变量加入模型2中；基于模型2，调节与自变量乘积项而形成的交互项加入模型3中。通过设置模型1，能够验证数字化资源自变量在不受到管理者支持调节变量影响的前提下影响数字化创新战略因变量实际水平。根据表内数据能够发现，因 β = 0.383，p = 0.000 < 0.0，数字化资源自变量显著性影响较强，表明其会极大影响数字化创新战略。根据模型 2 和模型 3 可以看出，R^2 值从模型 2 到模型 3 发生了显著的变化，因 β = 0.136，p = 0.020 < 0.05，数字化资源与管理者支持的交互项显著性较强，表明由于管理者支持调节变量水平不同，使得数字化资源自变量明显差异化影响数字化创新战略，因而验证完全成立假设 H5c。

表 6 – 14　　管理者支持对数字化资源与数字化创新战略调节作用回归结果

因变量： 数字化创新战略	模型 1		模型 2		模型 3	
	p	β	p	β	p	β
常数	0.000 **	—	0.000 **	—	0.000 **	—
员工数量	0.037 *	0.163	0.108	0.123	0.088	0.129
销售收入	0.271	– 0.086	0.289	– 0.080	0.285	– 0.080
企业年龄	0.866	0.010	0.918	0.006	0.886	0.008
产权性质	0.916	0.006	0.753	– 0.018	0.783	– 0.016
政策引导	0.000 **	0.383	0.000 **	0.346	0.000 **	0.366
管理者支持			0.000 **	0.240	0.000 **	0.263
政策引导 * 管理者支持					0.020 **	0.136
R^2	0.175		0.229		0.246	
调整 R^2	0.157		0.210		0.224	
F 值	F (5241) = 10.198, p = 0.001		F (6240) = 11.889, p = 0.000		F (7239) = 11.158, p = 0.000	
ΔR^2	0.174		0.055		0.017	
ΔF 值	F (5241) = 10.198, p = 0.0019		F (1240) = 16.927, p = 0.000		F (1239) = 5.496, p = 0.020	

注：* p < 0.05，** p < 0.01。

根据管理者支持对数字化资源与数字化创新战略调节作用的效果图 6 – 2 可知，在高水平的管理者支持下，数字化资源对数字化创新战略的正向作用较强；在低水平的管理者支持下，数字化资源对数字化创新战略的正向作用较弱。通过实证结果可以看出，管理者支持对数字化资源与数字化创新战略之间的关系具有正向的调节作用。

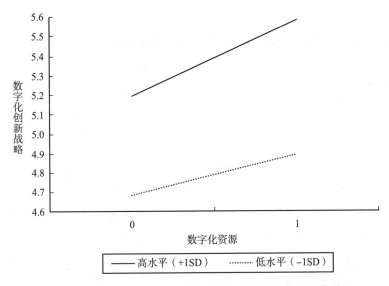

图 6 – 2 管理者支持对数字化资源与数字化创新战略调节效果

4. 管理者支持对数字化能力与数字化创新战略调节作用检验

管理者支持对数字化能力与数字化创新战略调节作用回归结果如表 6 – 15 所示。通过划分 3 个模型来研究调节作用，模型 1 内涉及自变量数字化能力，控制变量涵盖企业成立时间、产权性质、员工规模及销售收入；基于模型 1，管理者支持调节变量加入模型 2 中；基于模型 2，调节与自变量乘积项而形成的交互项加入模型 3 中。通过设置模型 1，能够验证数字化能力自变量在不受到管理者支持调节变量影响的前提下影响数字化创新战略因变量实际水平。从表中数据可知，自变量（数字化能力）呈现出显著性（$\beta = 0.356$，$p = 0.000 <$

0.01）。意味着数字化能力对于数字化创新战略会产生显著影响关系。从模型 2 和模型 3 可以看出，R² 值从模型 2 到模型 3 未发生显著的变化，且数字化能力与管理者支持的交互项呈现出显著性（β = −0.021，p = 0.729 > 0.05）。意味着数字化能力对于数字化创新战略有影响时，调节变量（管理者支持）在不同水平时，影响幅度保持一致，故拒绝假设 H5d。

表 6 − 15　　　管理者支持对数字化能力与数字化创新战略调节作用回归结果

因变量：数字化创新战略	模型 1		模型 2		模型 3	
	p	β	p	β	p	β
常数	0.000 **	—	0.000 **	—	0.000 **	—
员工数量	0.058 *	0.151	0.110	0.126	0.113	0.125
销售收入	0.230	−0.095	0.250	−0.089	0.246	−0.090
企业年龄	0.695	0.023	0.560	0.034	0.572	0.033
产权性质	0.794	−0.016	0.567	−0.034	0.569	−0.034
政策引导	0.000 **	0.356	0.000 **	0.291	0.000 **	0.288
管理者支持			0.002 **	0.201	0.002 **	0.197
政策引导 * 管理者支持					0.729	−0.021
R²	0.154		0.229		0.246	
调整 R²	0.137		0.210		0.224	
F 值	F (5241) = 8.806, p = 0.000		F (6240) = 11.879, p = 0.000		F (7239) = 11.158, p = 0.000	
ΔR²	0.154		0.054		0.017	
ΔF 值	F (5241) = 8.806, p = 0.000		F (1240) = 16.917, p = 0.000		F (1239) = 5.496, p = 0.020	

注：* p < 0.05，** p < 0.01。

6.5 制造企业数字化创新战略 与绩效关系的实证检验

6.5.1 中介效应的理论原理

因果逐步回归检验法、乘积系数法检验法常用于中介作用研究领域。便于解释了解是因果逐步回归检验法的主要特征，应用普遍性较高，然而部分学者认为其仅有较低的检验效能，中介作用虽存在然而没有良好显示。Sobel 检验和 Bootstrap 抽样法检验共同构成了乘积系数法检验法，其中，方便操作与理解的 Sobel 检验应用普及性较高，然而仅有偏低的检验效能，因而乘积系数检验法更为适宜本课题研究，利用 Bootstrap 抽样法来检验中介作用水平。图 6 - 3 为中介效应检验模型说明。

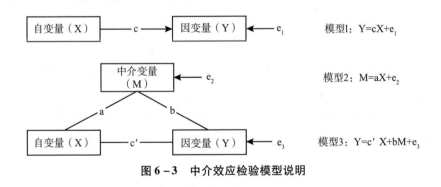

图 6 - 3 中介效应检验模型说明

本书主要划分 3 个模型来研究中介作用。根据图 6 - 3 将相关情况介绍如下：为获得总效应 c 值、中间效应过程值 a、直接效应 c′值及中间效应过程值 b，模型 1、2、3 分别对自变量 X 和因变量 Y；自变量 X 和中介变量 M；自变量 X、中介变量 M 和因变量 Y 展开回归分析。

根据图 6-3，间接效应实质上是回归系数 a、b 的乘积项（a*b），中介作用只有在其具有显著性时存在。成绩系数检验法实际上是通过 a*b 显著性检验来判定中介作用是否存在。Bootstrap 抽样法检验是根据数字 0 是否涵盖于回归系数 95% 置信区间内来判定中介作用是否存在。若数字 0 不包含于 95% 置信区间，则中介作用存在；若数字 0 包含于 95% 置信区间，则中介作用不存在。根据以上方法说明，我们将判断中介作用标准介绍如下：

如果 a 和 b 显著，且 c′ 不显著，则为完全中介；

如果 a 和 b 显著，且 c′ 显著，且 a*b 与 c′ 同号，则为部分中介作用；

如果 a 和 b 显著，且 c′ 显著，且 a*b 与 c′ 异号，则为遮掩作用；

如果 a 和 b 至少一个不显著，且 a*b 的 95% 的 BootCI 包括数字 0（不显著），则中介作用不显著；

如果 a 和 b 至少一个不显著，且 a*b 的 95% BootCI 不包括数字 0（显著），且 c′ 不显著，则为完全中介作用；

如果 a 和 b 至少一个不显著，且 a*b 的 95% BootCI 不包括数字 0（显著），且 c′ 显著，且 a*b 与 c′ 同号，则为部分中介作用；

如果 a 和 b 至少一个不显著，且 a*b 的 95% BootCI 不包括数字 0（显著），且 c′ 显著，且 a*b 与 c′ 异号，则为遮掩作用。

6.5.2 数字化创新战略与绩效关系中变量间的相关性分析

在进行假设检验之前，本研究采用 Pearson 相关分析对变量数据的相关性进行初步判断，相关分析结果详见表 6-16。

表 6-16　　　　　　数字化创新与绩效的相关性检验

指标	平均值	标准差	经济绩效	创新绩效	数字化形象	数字化能力	数字化创新战略
经济绩效	0.600	0.212	1				
创新绩效	0.569	0.218	0.781 **	1			

指标	平均值	标准差	经济绩效	创新绩效	数字化形象	数字化能力	数字化创新战略
数字化形象	0.668	0.196	0.294**	0.288**	1		
数字化能力	0.552	0.189	0.242**	0.249**	0.491**	1	
数字化创新战略	0.666	0.164	0.209**	0.215**	0.511**	0.371**	1

注：$*p<0.05$，$**p<0.01$。

从表 6-16 可知，利用相关分析研究经济绩效、创新绩效、数字化创新战略、数字化形象、数字化能力 5 项变量关联关系，强弱水平利用 Pearson 相关系数展示，详细如下：

根据均值水平能够发现，相较于创新绩效均值 0.569，经济绩效达到 0.600 更高均值，表明制造企业在充分考量经济绩效的前提下来推行实施数字化创新战略，然而更加关注追逐高经济绩效。

从相关系数来分析，显著相关性广泛存在于数字化创新战略解释变量、数字化形象及能力中介变量、创新与经济绩效被解释变量间，支持初期所做的数字化创新战略与企业绩效关系假设。

6.5.3 数字化创新战略与绩效关系模型的拟合度检验

为了检验数字化形象、数字化能力对数字化创新战略与制造企业经济绩效之间的中介作用，本研究首先检验了数字化创新战略、数字化形象、数字化能力和经济绩效的影响关系。分析结果详见表 6-17。

表 6-17 模型拟合度指标

指标	x^2/df	GFI	AGFI	IFI	TLI	CFI	RMSEA
统计值	1.714	0.935	0.908	0.970	0.963	0.970	0.054
参考值	<3	>0.8	>0.8	>0.9	>0.9	>0.9	<0.10
达标情况	达标	达标	达标	达标	达标	达标	达标

从表 6 – 17 的拟合度指标值可以看出，模型的拟合度指标 x^2/df、GFI、AGFI、IFI、TLI、CFI、RMSEA 的值分别为 1. 714（<3）、0. 935（>0. 8）、0. 908（>0. 8）、0. 970（>0. 9）、0. 963（>0. 9）、0. 970（>0. 9）、0. 054（<0. 10）。说明本研究的验证性因子分析各项指标均已达标，模型总体拟合度较好，故对模型进一步进行分析。

6.5.4 数字化形象中介作用的路径分析

1. 数字化形象在数字化创新战略与经济绩效间的中介作用

为检验中介作用，首先将数字化创新战略对制造企业经济绩效的作用进行回归分析。由表 6 – 18 可知，主要划分为 3 类数字化创新战略中介效应模型，为获得总效应 c 值、直接效应 c′值及中间效应过程值 a，三类回归模型分别按照数字化创新战略自变量、经济绩效因变量构建回归模型；数字化创新战略自变量与数字化形象中介变量构建回归模型；数字化创新战略自变量、经济绩效因变量与数字化形象中介变量构建回归模型。

表 6 –18　　　　　　　数字化形象中介作用回归结果

因变量	经济绩效			数字化形象			经济绩效		
	B	p	β	B	p	β	B	p	B
常数	0. 384 **	0. 000	—	– 0. 007	0. 925	—	0. 386 **	0. 000	—
员工数量	– 0. 000	0. 982	– 0. 002	0. 024 *	0. 010	0. 183	– 0. 007	0. 538	– 0. 051
销售收入	0. 003	0. 829	0. 018	0. 013	0. 275	0. 077	– 0. 001	0. 974	– 0. 003
企业年龄	0. 018	0. 260	0. 071	0. 021	0. 084	0. 091	0. 011	0. 455	0. 046
产权性质	– 0. 012	0. 653	– 0. 029	0. 054 *	0. 011	0. 139	– 0. 028	0. 297	– 0. 066
数字化创新战略	0. 266 *	0. 001	0. 205	0. 572 **	0. 000	0. 479	0. 098	0. 294	0. 076
数字化形象							0. 294 **	0. 000	0. 271

因变量	经济绩效			数字化形象			经济绩效		
	B	p	β	B	p	β	B	p	B
R^2	0.050			0.332			0.099		
调整 R^2	0.030			0.319			0.076		
F 值	F (5241) = 2.533, p = 0.029			F (5241) = 23.996, p = 0.000			F (6240) = 4.389, p = 0.000		

注：* $p < 0.05$，** $p < 0.01$。

从表中可以看出，第 1 类回归模型中，数字化创新战略的回归系数值为 0.266，由于 $β = 0.205$，$p = 0.001 < 0.05$，显著性较强，表明数字化创新战略显著正向影响经济绩效。第 2 类回归模型中，数字化创新战略的回归系数值为 0.572，并且呈现出显著性（$β = 0.479$，$p = 0.000 < 0.01$），意味着数字化创新战略会对数字化形象产生显著的正向影响关系。第 3 类回归模型中，基于第 1 类模型将数字化形象加入其中，因 $β = 0.076$，$p = 0.294 > 0.05$，表明数字化创新战略并未显著正向影响经济绩效，而数字化形象得到 0.294 回归系数值，且因 $β = 0.271$，$p = 0.000 < 0.01$，显著性较强，表明数字化形象显著正向影响经济绩效，数字化形象对数字化创新战略与经济绩效的关系起到完全中介作用。故假设 H6、H8、H10a、H12a 成立。

2. 数字化形象在数字化创新战略与创新绩效间的中介作用

为检验数字化形象的中介作用，首先将数字化创新战略对制造企业创新绩效进行回归和中介分析。由表 6 - 19 可知，主要划分为 3 类中介效应模型，为获得总效应 c 值、直接效应 c′值及中间效应过程值 a、中间效应过程值 a，三类回归模型分别按照数字化创新战略自变量、创新绩效因变量构建回归模型；数字化创新战略自变量与数字化形象中介变量构建回归模型；数字化创新战略自变量、创新绩效因变量与数字化形象中介变量构建回归模型。

表 6 – 19 数字化形象中介作用回归结果

因变量	创新绩效			数字化形象			创新绩效		
	B	p	β	B	p	β	B	p	β
常数	0.327**	0.001	—	– 0.007	0.925	—	0.329**	0.001	—
员工数量	0.003	0.831	0.018	0.024*	0.010	0.183	– 0.004	0.729	– 0.029
销售收入	– 0.004	0.828	– 0.018	0.013	0.275	0.077	– 0.007	0.644	– 0.038
企业年龄	– 0.003	0.875	– 0.010	0.021	0.084	0.091	– 0.008	0.590	– 0.033
产权性质	0.034	0.223	0.078	0.054*	0.011	0.139	0.018	0.502	0.043
数字化创新战略	0.287**	0.001	0.216	0.572**	0.000	0.479	0.124	0.195	0.093
数字化形象							0.285**	0.001	0.257
R^2	0.053			0.332			0.097		
调整 R^2	0.033			0.319			0.074		
F 值	F (5241) = 2.693, p = 0.022			F (5241) = 23.996, p = 0.000			F (6240) = 4.290, p = 0.000		

注：* p < 0.05，** p < 0.01。

从表中可以看出，第 1 类回归模型中，数字化创新战略得到 0.287 回归系数值，因 β = 0.216，p = 0.001 < 0.05，显著性较强，表明数字化创新战略显著正向影响创新绩效。第 2 类回归模型中，数字化创新战略的回归系数值为 0.572，并且呈现出显著性（β = 0.479，p = 0.000 < 0.01），意味着数字化创新战略会对数字化形象产生显著的正向影响关系。第 3 类回归模型中，基于第 1 类模型，将数字化形象中介变量加入其中，因 β = 0.093，p = 0.195 > 0.05，数字化创新战略不会显著正向影响创新绩效，数字化形象得到 0.285 回归系数值，且因 β = 0.257，p = 0.001 < 0.01，显著性较强，表明数字化形象显著正向影响创新绩效，数字化形象对数字化创新战略与创新绩效的关系起到完全中介作用。故假设 H7、H10b、H12b 成立。

6.5.5 数字化能力中介作用的路径分析

1. 数字化能力在数字化创新战略与经济绩效间的中介作用

为检验中介作用，首先将数字化创新战略对制造企业经济绩效的作用进行回归分析。由表6-20可知，主要划分为3类中介效应模型，为获得总效应c值、直接效应c'值、中间效应过程值a。三类回归模型分别按照数字化创新战略自变量、经济绩效因变量构建回归模型，数字化创新战略自变量与数字化能力中介变量构建回归模型，数字化创新战略自变量、经济绩效因变量与数字化能力中介变量构建回归模型。

表6-20　　　　　　数字化能力中介作用回归结果

因变量	经济绩效			数字化能力			经济绩效		
	B	p	β	B	p	β	B	p	β
常数	0.384 **	0.000	—	0.214 *	0.011	—	0.338 **	0.001	—
员工数量	-0.000	0.982	-0.002	0.017	0.097	0.132	-0.004	0.743	-0.027
销售收入	0.003	0.829	0.018	0.005	0.706	0.030	0.002	0.881	0.012
企业年龄	0.018	0.260	0.071	-0.002	0.855	-0.011	0.018	0.240	0.073
产权性质	-0.012	0.653	-0.029	-0.004	0.874	-0.010	-0.011	0.670	-0.027
数字化创新战略	0.266 *	0.001	0.205	0.403 **	0.000	0.348	0.179	0.071	0.138
数字化能力							0.216 **	0.005	0.193
R^2	0.050			0.161			0.081		
调整 R^2	0.030			0.144			0.058		
F值	$F_{(5241)}=2.533$, p=0.029			$F_{(5241)}=9.262$, p=0.000			$F_{(6240)}=3.538$, p=0.000		

注：* p<0.05，** p<0.01。

从表中可以看出，第 1 类回归模型中，数字化创新战略的回归系数值为 0.266，因 β = 0.205，p = 0.001 < 0.05，显著性较强，表明数字化创新战略显著正向影响经济绩效。第 2 类回归模型中，数字化创新战略的回归系数值为 0.403，并且呈现出显著性（β = 0.348，p = 0.000 < 0.01），意味着数字化创新战略会对数字化能力产生显著的正向影响关系。第 3 类回归模型中，其在第 1 类模型的基础上加入数字化能力后，数字化创新战略对经济绩效的关系呈现出不显著（β = 0.138，p = 0.071 > 0.05），而且数字化能力的回归系数值为 0.216，并且呈现出显著性（β = 0.193，p = 0.005 < 0.01），这意味着数字化能力会对经济绩效产生显著的正向影响关系，数字化能力对数字化创新战略与经济绩效的关系起到完全中介作用。故假设 H9、H11a、H13a 成立。

2. 数字化能力在数字化创新战略与创新绩效间的中介作用

为检验数字化能力的中介作用，首先将数字化创新战略对制造企业创新绩效进行回归和中介分析。由表 6 - 21 可知，主要划分为 3 类中介效应回归模型，分别为获得总效应 c 值、直接效应 c′值及中间效应过程值 a。三类回归模型分别按照数字化创新战略自变量、创新绩效因变量构建回归模型；数字化创新战略自变量与数字化能力中介变量构建回归模型；数字化创新战略自变量、创新绩效因变量与数字化能力中介变量构建回归模型。

表 6 - 21　　　　　　　　数字化能力中介作用回归结果

因变量	创新绩效			数字化能力			创新绩效		
	B	p	β	B	p	β	B	p	β
常数	0.327 **	0.001	—	0.214 *	0.011	—	0.276 **	0.007	—
员工数量	0.003	0.831	0.018	0.017	0.097	0.132	-0.001	0.914	-0.009
销售收入	-0.004	0.828	-0.018	0.005	0.706	0.030	-0.005	0.768	-0.024
企业年龄	-0.003	0.875	-0.010	-0.002	0.855	-0.011	-0.002	0.902	-0.008

续表

因变量	创新绩效			数字化能力			创新绩效		
	B	p	β	B	p	β	B	p	β
产权性质	0.034	0.223	0.078	−0.004	0.874	−0.010	0.035	0.204	0.080
数字化创新战略	0.287**	0.001	0.216	0.403**	0.000	0.348	0.193*	0.131	0.145
数字化能力							0.234**	0.003	0.204
R^2	0.053			0.161			0.088		
调整 R^2	0.033			0.144			0.065		
F 值	F (5241) = 2.693, p = 0.022			F (5241) = 9.262, p = 0.000			F (6240) = 3.854, p = 0.001		

注：$* p < 0.05$，$** p < 0.01$。

从表中可以看出，第 1 类回归模型中，数字化创新战略得到 0.287 回归系数值，因 $\beta = 0.216$，$p = 0.001 < 0.05$，显著性较强，表明数字化创新战略显著正向影响创新绩效。第 2 类回归模型中，数字化创新战略的回归系数值为 0.348，并且呈现出显著性（$\beta = 0.403$，$p = 0.000 < 0.01$），意味着数字化创新战略会对数字化能力产生显著的正向影响关系。第 3 类回归模型中，其在第 1 类模型的基础上加入数字化能力后，数字化创新战略对创新绩效的关系呈现出不显著性（$\beta = 0.145$，$p = 0.131 > 0.05$），而且数字化能力得到 0.034 回归系数值，因 $\beta = 0.204$，$p = 0.003 < 0.01$，显著性较强，表明数字化能力显著正向影响创新绩效，数字化能力对数字化创新战略与创新绩效的关系起到完全中介作用。故假设 H10、H11b、H13b 成立。

6.5.6 中介作用的稳定性检验

制造企业绩效与数字化创新战略间发挥中介作用的是数字化能力与

形象，为深化检验该结论，本书引用 Hayes 方法中的非参数百分位 Bootstrap 法，对中介效应稳定性利用更大体量的数据进行验证，置信区间为 95%。

1. 数字化形象的中介作用检验

由表 6－22 可知，数字化创新战略到经济绩效的间接效应值为 0.168，置信区间为 [0.054, 0.221]，不包含 0，满足显著性成立的数值要求。这说明间接路径的效应显著，即数字化形象在数字化创新战略对制造企业经济绩效的作用过程中的中介效果显著。而数字化创新战略对经济绩效的直接效应值 c′不显著。说明数字化创新战略与企业经济绩效的直接路径的效应不显著。因此，在经济绩效与数字化创新战略之间，数字化形象为完全中介效应类型。

表 6－22　　　　　　　　　　数字化形象中介作用检验分析表

项	c 总效应	a	b	a＊b 中介效应	a＊b (95% BootCI)	c′ 直接效应	检验结论
数字化创新战略⇒数字化形象⇒经济绩效	0.266**	0.572**	0.294**	0.168	0.054～0.221	0.098	完全中介
数字化创新战略⇒数字化形象⇒创新绩效	0.287**	0.572**	0.285**	0.163	0.052～0.210	0.124	完全中介

数字化创新战略到创新绩效的间接效应值为 0.163，置信区间为 [0.052, 0.210]，不包含 0，满足显著性成立的数值要求。这说明间接路径的效应显著，即数字化形象在数字化创新战略对制造企业创新绩效的作用过程中的中介效果显著。而数字化创新战略到创新绩效的直接效应值 c′不显著，说明数字化创新战略与企业创新绩效的直接路径的效应不显著。因此，在创新绩效与数字化创新战略之间，数字化形象为完全中介效应类型。

假设 H12a、假设 H12b 再次得到验证。

2. 数字化能力的中介作用检验

由表 6 - 23 可知，数字化创新战略到经济绩效的间接效应值为 0.087，置信区间为 [0.019，0.124]，不包含 0，满足显著性成立的数值要求。这说明间接路径的效应显著，即数字化能力在数字化创新战略对制造企业经济绩效的作用过程中的中介效果显著。而数字化创新战略对经济绩效的直接效应值 c' 不显著，说明数字化创新战略与企业经济绩效的直接路径的效应不显著。因此，在经济绩效与数字化创新战略之间，数字化能力为完全中介效应类型。

表 6 - 23　　　　　　数字化形象中介作用检验分析表

项	C 总效应	a	b	a * b 中介效应	a * b (95% BootCI)	c' 直接效应	检验结论
数字化创新战略⇒数字化形象⇒经济绩效	0.266**	0.403**	0.216**	0.087	0.019~0.124	0.179	完全中介
数字化创新战略⇒数字化形象⇒创新绩效	0.287**	0.403**	0.234**	0.094	0.023~0.127	0.193	完全中介

数字化创新战略到创新绩效的间接效应值为 0.094，置信区间为 [0.023，0.127]，不包含 0，满足显著性成立的数值要求。这说明间接路径的效应显著，即数字化能力在数字化创新战略对制造企业创新绩效的作用过程中的中介效果显著。而数字化创新战略到创新绩效的直接效应值 c' 不显著，说明数字化创新战略与企业创新绩效的直接路径的效应不显著。因此，在创新绩效与数字化创新战略之间，数字化能力为完全中介效应类型。

假设 H13a、假设 H13b 再次得到验证。

6.6 结果与讨论

6.6.1 制造企业数字化创新战略驱动效应的结果讨论

制造企业数字化创新战略驱动效应的数据分析结果表明：政策引导、市场压力、数字化资源、数字化能力，均能正向影响制造企业数字化创新战略；管理者支持作为调节变量，在政策引导和数字化资源对数字化创新战略的影响过程中起到调节作用。因此，管理者支持是制造企业数字化创新战略的驱动效应中的催化剂。

1. 政策引导与数字化创新战略

政策引导对数字化创新战略的驱动产生了积极的影响（$\beta = 0.147$，$p < 0.05$）。政策引导的驱动力来自强制型、规范型和激励型三种政策的组合。在我国制造业数字化创新的探索阶段，面对急剧波动性的行业发展环境，相对应的数字化政策是制造企业数字化创新的重要保障。强制型政策可以从宏观发展，限制企业的数字化创新朝向管控的安全方向发展，规范型政策为制造企业提供数字化创新的具体技术、设备等详细说明，激励型政策可以很好地调动制造企业数字化创新的积极性。因此，三类政策的组合使用为企业提供了安全可靠的制度保障，可以为驱动制造企业选择正确的数字化创新战略，促进企业可持续健康发展。

2. 市场压力与数字化创新战略

由于 $\beta = 0.223$，$p < 0.01$，市场压力显著正向影响数字化创新战略，很好地验证了市场利益相关者正向影响数字化创新战略作用的观点。供应商、消费者及竞争者等外部利益相关者是市场压力的根本来源。消费者持续更新丰富的数字化产品需求是消费者市场压力的主要表现形式，而通过数字化产品与服务战略能够满足消费者的数字化需求，

数字化产品与服务能够解决的问题越困难，其价值主张与消费者的相关性就越大，数字化品牌形象得以良好树立，可建立价格竞争优势的同时，引导消费者长期忠诚于品牌。供应商对企业的市场压力，可以为企业提供信息、技术、知识等资源来推动数字化创新活动，能够使创新成本与风险得到良好控制。市场竞争者大力推行数字化创新战略而实现的价值增值即竞争者数字化市场压力，对同行业企业选择战略方向产生极大影响，有效调动企业大力推行数字化创新战略而夺取综合竞争力的积极性。

3. 数字化资源与数字化创新战略

数字化资源对数字化创新战略具有显著影响（$\beta = 0.383$，$p < 0.001$）。数字化创新活动具有外部溢出性、投资回报期长等高风险性特征，企业生产环境越成熟，越能够承受这种风险；标准化的生产模式、严格的生产场景分段、独立的生产环节能够为数字化创新战略提供稳定的技术应用与创新环境，提升数字化技术解决生产过程中的复杂问题，提高数字化创新活动成功的概率。生产模式的创新是制造企业竞争优势的首要任务，而组织的变革是与之相辅相成的。生产中数字化技术的应用与创新离不开组织资源的支撑，数据和人力是数字化创新活动中核心的资源。因此，生产环境越稳定，企业选择数字化创新战略成功率越高，与此同时，数字化创新战略实施的关键影响因素包括制造企业丰富数据与人力资源。

4. 数字化能力与数字化创新战略

因 $\beta = 0.356$，$p < 0.01$，数字化能力显著正向影响数字化创新战略，企业具备越强数字化能力，数字化创新战略选择的偏好度越高。数字化能力会同步影响产品、服务及品牌战略。切实发挥数字化能力的动态整合作用，可以良好地整合吸收静态资源，从而在创新发展阶段得到有效应用。制造企业的数字化能力，能够使企业数字化创新战略风险有效防控的同时，全面共享与有效流动技术、信息等资源，加强部门间协调沟通，使数字化创新界限制约有效消除。

5. 管理者支持的调节作用

管理者支持对政策引导与数字化创新战略之间有显著的正向调节作

用（β=0.180，p=0.004<0.05）。管理层对数字化创新的支持力度越大，越容易感知到政策的驱动力，通过数字化创新战略把握企业的创新方向，并获取政策上的优势资源和支持。

管理者支持对市场压力与数字化创新战略之间没有显著的调节作用（β=-0.081，p=0.202>0.05）。这表明无论管理层的支持力度的大小，市场压力对数字化创新战略的关系都不会改变。在制造行业数字化转型的探索阶段，有关供应商、竞争者、消费者等企业外部利益相关者的数字化创新活动逐渐频繁，会逐渐形成企业与利益相关者紧密联系的数字化生态系统，数字化创新水平会成为行业内重要的评价标准。因此，在市场自发性显著的特征下，企业内管理层的支持力度无法改变整个市场的局面，制造企业如果需要保持在行业内的竞争优势，数字化创新战略的决策是必然的选择。

管理者支持对数字化资源与数字化创新战略之间有显著的正向调节作用（β=0.136，p=0.020<0.05）。这说明企业能否有效地发挥数字化资源对数字化创新战略的驱动作用，有赖于管理者的支持力度。资源优先分配权缺失很大程度上受到风险波动性、数字化创新外部溢出性等特点的共同制约。在数字化创新活动准备中，数据的收集和管理、员工的思想教育和培训等过程，管理者起到了主导作用。管理者对数字化技术的认知，对数字化创新的积极性等，采取有效的数字化创新战略，从而促进制造企业在数字化创新活动过程中资源合理配置、调动员工的积极性等。

管理者支持对数字化能力与数字化创新战略之间没有显著的调节作用（β=-0.021，p=0.729>0.05）。这表明数字化与数字化创新战略的关联既紧密又显著，无论管理者支持力度的大小，制造企业都会基于自身利益考虑，关注数字化能力对数字化创新活动的影响。

6.6.2　数字化创新战略与制造企业绩效关系的结果讨论

数据分析结果表明：数字化创新战略能正向影响制造企业创新过程

中的数字化形象；数字化创新战略能够直接影响制造企业的经济绩效和创新绩效；数字化形象和数字化能力作为中介变量时，在数字化创新战略对制造企业绩效的影响过程中起到了完全中介作用。基于此，可以推论出数字化创新战略对制造企业绩效的影响机理如下：数字化形象和数字化能力是影响制造企业绩效的间接因子；数字化创新战略对企业经济绩效和创新绩效的影响，需要数字化形象和数字化能力的过渡和传导。

1. 数字化创新战略与企业绩效

数字化创新战略对企业经济绩效和创新绩效均有显著的正向影响。由于 $\beta = 0.205$，$p = 0.001 < 0.05$，制造企业数字化创新战略显著影响其经济绩效，因 $\beta = 0.216$，$p = 0.001 < 0.05$，制造企业数字化创新战略显著正向影响其创新绩效。学术界高度重视研究探讨数字化创新战略与经济绩效关系问题，仅有少部分学者质疑经济绩效受到数字化创新战略的正向影响，大部分专家学者普遍认可经济绩效受到数字化创新战略良好驱动而形成积极影响。本课题研究对该观点予以检验证实。数字化创新战略对创新绩效的提升作用在本研究中同时得到了验证，有效的数字化创新战略，通过产品与服务的质量改善、品牌效应提升以及提高应对市场风险等战略，来提升制造企业数字化创新能力，以此提高企业在行业内的竞争优势。

2. 数字化形象的中介作用

基于对制造企业绩效与数字化创新战略内在联系的有效证实，本研究进一步分析了数字化创新战略到企业绩效的作用路径，在其中发挥中介效能的为数字化形象与能力。

第一，数字化创新战略对数字化形象具有显著的正向作用（$\beta = 0.479$，$p = 0.000 < 0.01$）。制造企业数字化创新战略的实施会对组织带来企业文化、组织架构、生产环境等方面的创新与变革，这些改变会重新刷新企业在员工心目中的认知；对于外部利益相关者来说，技术升级、产品与服务的创新等会提升利益相关者对企业发展的认可。通过利益相关者对企业不断做出良好的评价，进一步提升企业的数字化形象。

第二，因 $\beta = 0.271$，$p = 0.000 < 0.01$，制造企业经济绩效受到数字化形象显著积极影响，且对创新绩效也具有显著的正向作用（$\beta = 0.257$，$p = 0.001 < 0.01$）。制造企业可借助数字化形象得到政府肯定，提高企业在政策中的信誉度，同时使得制造企业在政府资源获取和政策优惠方面获得优先权，有利于降低企业创新成本，带动经济绩效水平全面提升。制造企业因数字化形象所涉及的社会责任属性，能够获得广大消费者认可与偏好，在生态系统中建立突出竞争力，获得更多的忠实客户，尤其是在生态系统中能够获得资源和合作优势。制造企业为了不断提升数字化形象，会充分利用获取的外部资源和优势开展数字化创新战略，进一步提升企业的数字化创新水平，以提高制造企业在转型期间的创新绩效。

第三，数字化形象在数字化创新战略与经济绩效的关系中起到完全的中介作用，在数字化创新与创新绩效的关系中起到了完全的中介作用。这表明，无论是经济绩效还是创新绩效，数字化创新战略对制造企业绩效的影响，都离不开数字化形象的传导作用。因此，科学梳理与培育数字化形象，以此推动制造企业绩效改善提升是推行数字化创新战略的工作重点。

3. 数字化能力的中介作用

首先，数字化创新战略对数字化能力具有显著的正向作用（$\beta = 0.348$，$p = 0.000 < 0.01$）。制造企业数字化创新战略的实施会为企业不断地带来技术和知识的积累，在组织不断吸收和学习的过程中企业的数字化能力也会随之提升。

其次，数字化能力对制造企业经济绩效具有显著的正向作用（$\beta = 0.193$，$p = 0.005 < 0.01$），同时对创新绩效也具有显著的正向作用（$\beta = 0.204$，$p = 0.003 < 0.01$）。能力理论认为企业的核心能力是竞争优势独特的表现，数字化能力作为企业数字化创新战略实施过程中的关键要素，是具有不可复制性，具有企业特性的核心能力。随着企业不断地数字化创新，数字化能力也在不断地提升，使企业更容易获得先动优势和创新补偿，继而获得竞争优势并促进企业绩效的提升。

最后，在经济绩效与数字化创新战略、创新绩效与数字化创新关系中，数字化能力均发挥完全中介作用。这表明，无论是经济绩效还是创新绩效，数字化创新战略对制造企业绩效的影响，都离不开数字化能力的传导作用。需要在数字化创新战略的实施过程中，关注数字化能力培育，进而通过数字化能力来提升制造企业绩效。

通过上述分析验证，研究假设检验结果汇总如表6－24所示。

表6－24   **研究假设检验结果汇总**

研究假设	检验结果
H1：政策引导对数字化创新战略具有显著的驱动作用	支持
H2：市场压力对数字化创新战略具有显著的驱动作用	支持
H3：数字化资源对数字化创新战略具有显著的驱动作用	支持
H4：数字化能力对数字化创新战略具有显著的驱动作用	支持
H5a：管理者对数字化的支持力度越大，政策引导对于数字化创新战略的影响越强	支持
H5b：管理者对数字化的支持力度越大，市场压力对于数字化创新战略的影响越强	不支持
H5c：管理者对数字化的支持力度越大，数字化资源对于数字化创新战略的影响越强	支持
H5d：管理者对数字化的支持力度越大，数字化能力对于数字化创新战略的影响越强	不支持
H6：数字化创新战略对企业经济绩效具有显著的正向影响	支持
H7：数字化创新战略对企业创新绩效具有显著的正向影响	支持
H8：数字化创新战略对企业的数字化形象具有显著的正向影响	支持
H9：数字化创新战略对企业的数字化能力具有显著的正向影响	支持
H10a：数字化形象对企业经济绩效具有显著的正向影响	支持
H10b：数字化形象对企业创新绩效具有显著的正向影响	支持
H11a：数字化能力对企业经济绩效具有显著的正向影响	支持
H11b：数字化能力对企业创新绩效具有显著的正向影响	支持
H12a：数字化形象在数字化创新战略与企业经济绩效间起到完全中介作用	支持

研究假设	检验结果
H12b：数字化形象在数字化创新战略与企业创新绩效间起到完全中介作用	支持
H13a：数字化能力在数字化创新战略与企业经济绩效间起到完全中介作用	支持
H13b：数字化能力在数字化创新战略与企业创新绩效间起到完全中介作用	支持

6.7　本章小结

基于理论模型和调查问卷，本章采用统计分析的方法进行实证检验，对所获取的 375 份正式问卷的有效数据进行了分析。首先，通过共同方法偏差、Cronbach's α 系数、探索性因子分析、收敛效度和区分效度等一系列的检验，来判断正式问卷数据与结构的稳定性。在此基础上，对研究假设的直接效应、调节效应和中介效应进行了检验分析，结果显示：

（1）在数字化创新战略驱动效应中，假设 H1 到假设 H4 的直接效应路径均通过检验；

（2）在数字化创新战略驱动效应中，调节效应假设检验显示：管理者支持在政策引导与数字化创新战略间起到了显著的调节作用，管理者支持在市场压力与数字化创新战略间没有起到显著的调节作用，管理者支持在数字化资源与数字化创新战略间没有起到显著的调节作用，管理者支持在数字化能力与数字化创新战略间起到了显著的调节作用。

（3）在数字化创新战略与企业绩效的关系假设中，假设 H6 到假设 H11b 的直接效应路径均通过检验；

（4）对数字化创新战略与企业绩效间的中介效应假设的检验显示：数字化形象在数字化创新战略与企业经济绩效和创新绩效的关系中起到了完全中介作用，数字化能力也在二者关系中起到了完全中介作用。

最后，整理了呈现的假设检验结果，并进一步分析讨论，并且对没有通过检验的假设进行了理论解释。

第 **7** 章

结论与展望

数字化创新效能在社会经济高速稳定发展环节突出展现，建立起日趋密切的经济发展与数字化技术关联，制造企业获取综合竞争力的关键就是积极探索构建新型可持续发展模式。在深化推行引用"数字经济"理念的背景下，制造企业逐渐意识到数字化对于其创新力和竞争力的重要性。尤其是将"数字经济"写入党的十九大报告，指引未来高质量发展制造业经济。从数字化创新维度来看，国内制造企业采取有效措施积极探索，但管理者往往存在差异化的数字化创新认知，所以，制造企业实行主动拓展或继续保守发展的不同战略决策会产生怎样影响？制造企业转型期间绩效又会受到实施数字化创新战略怎样影响？围绕面向制造企业绩效的数字化创新战略关键驱动因素以及作用机理问题，本研究基于扎根理论，从内外环境整体视角识别制造企业数字化创新战略的关键驱动因素，结合制度理论、利益相关者理论、资源基础理论和能力理论等科学搭建形成了数字化创新战略企业绩效作用机理模型，对管理者支持与内外部环境核心驱动因素影响下数字化创新战略的驱动机理，数字化创新战略实施对制造企业经济绩效和创新绩效的作用路径展开深入探讨分析。为培育我国制造企业数字化发展新优势、加快我国制造企业数字化转型提供了理论依据和实践指导。

7.1　研究结论

7.1.1　制造企业数字化创新战略的关键驱动因素

第一，制造企业数字化创新战略的关键驱动因素具体包括：政策引导、市场压力、数字化资源、数字化能力四个维度的内容。管理者支持作为制造企业数字化创新的核心资源，具有数字化的特质，如对数字化相关宏观政策的理解，对数字化创新行为的认可度，以及数字化创新实践经验等。

第二，管理者支持既可以对制造企业数字化创新战略的选择与实施产生直接的影响，也可以发挥个体特质，通过利用企业内外环境对制造企业数字化创新战略的选择与实施产生间接影响。管理者支持维度对数字化创新战略的驱动机制主要来源于管理者对数字化创新的支持力度，管理者对数字化创新支持力度的不同取决于其数字化特质的差异化表现，如，管理者对宏观政策的理解力越强，越容易挖掘政策机遇以及红利，可以从外部环境吸引资源支持数字化创新。管理者对数字化创新行为的认可度越高，越是愿意调配企业内部的资源支持数字化创新。另外，如果管理者在其他企业或项目参与过数字化创新活动，能够为制造企业数字化创新战略的选择和实施提供更强力的支持。

第三，根据扎根理论的研究结果可知，数字化创新战略的实施对制造业企业的经济发展和创新优势都有着一定的积极作用，且通过不同路径进行影响。具体而言，从资源基础理论视角，数字化形象作为企业发展形成的无形资产，会促进制造企业数字化创新战略的选择与实施。反过来看，数字化形象是利益相关者对制造企业创新行为的综合表现评价，数字化创新战略的实施也是对数字化形象的一种积累。在制造企业数字化创新战略与数字化形象的相互作用下，企业的绩效也会受到影响。从能力理论视角，数字化能力不是一成不变的，在促进数字化创新战略选择和实施的过程中，通过培训、学习、自我创新等方式逐渐积累实践经验以及战略内容，从而增强企业的创新能力。所以，对企业来说数字化能力与数字化创新战略关系是一种动态循环的作用机制。基于两种不同的作用路径，研究构建了制造企业数字化创新战略对企业绩效影响的理论框架。

7.1.2　制造企业数字化创新战略的驱动效应

在外部的关键驱动因素中，政策引导和市场压力是制造企业数字化创新战略的主要驱动因素。政策环境中包含着企业创新的宏观调控方向以及释放的优势资源，而市场环境中既包含企业发展所需要的优势资源，又包括影响竞争关系的利益相关主体。因此，政策引导和市场压力对于制造企业数字化创新战略具有决定性的作用，企业无论是出于对创新成本、获取优势资源的考虑，还是为了得到生态系统的支持，从长远视角考虑，数字化创新战略都是制造企业在转型过程中应对政策和市场环境变化的重要举措。

在内部环境的关键驱动因素中，数字化资源和数字化能力均是制造企业数字化创新战略的主要驱动力。数字化创新活动因为其不稳定的特性而不具备有限的资源分配权，但是制造企业拥有丰富的有利于数字化创新活动的特质资源，如丰富的业务数据、稳定的生产场景和流程，而且能够做好生产线员工的思想和知识培训工作，那么数字化创新的重大利好就是人力资源。在提供能力基础的前提下，数字化能力能够高效协同数字化学习、实现资源动态优化整合，促使企业防范数字化创新活动的不稳定性的风险能力改善增强，提高数字化创新的成功率。

下面对外部和内部环境关键要素对数字化创新战略的驱动效应展开分析。

1. 外部环境对数字化创新战略的驱动效应

首先，政策引导对制造企业数字化创新战略具有显著的正向影响。

在制造业数字化探索阶段，当地政府的相关政策与制度也在不断地更新和完善。制造业数字化发展高度动态的背景下，政府强制型和规范型的规制作用无疑是为企业提供了正确的发展方向和强有力的制度保障；而且数字化资金、税收、采购等系列扶持政策的制定与颁行，使制造企业看到政策福利的机会，推动其为达成政策资源获取利用，而选择数字化创新战略的开展。

其次，市场压力对制造企业数字化创新战略具有显著的正向影响。市场环境具有自发性的特征，市场主体的经济活动都是在价值规律的自发调节下追求自身利益最大化。对于制造企业，在数字化创新过程中需要关注与自身利益最大化相关的市场主体，即利益相关者的需求。制造企业的供应商、消费者、竞争者等外部利益相关者的数字化需求以及活动，都与企业的数字化创新战略息息相关。

2. 内部环境对数字化创新战略的驱动效应

首先，数字化资源对制造企业数字化创新战略具有显著的正向驱动效应。制造企业数据资源受内部网络、信息系统等的综合影响，具有持续动态性特征，这类资源与企业既定资源不同，是制造企业数字化创新的优势资源，能够帮助企业制定数字化创新战略时，解决资源优先权的问题。而数字化技术在生产经营中的应用与创新离不开企业员工，因此，企业员工的认知和主动性也是制造企业数字化创新战略制定的重要因素。

其次，数字化能力对制造企业数字化创新战略具有显著的正向驱动效应。企业本身拥有的创新能力是开启一切创新活动的基础，创新能力越强，就越倾向于实施数字化创新战略。再加上数字化创新活动涉及制造企业各个业务范围，拥有优秀的协调能力可协助制定科学有效的数字化创新战略。波动性大、活动周期长等典型特征，要求制造企业推行数字化创新战略必须具备优良的创新与协调能力。除需要基础能力保障外，数字化创新战略还需要保持可持续的创新，数字化的学习能力可以有效吸收组织内部和外部的数字化知识，持续并循环地为企业数字化创新活动提供动力。因此，数字化学习能力象征着企业数字化创新获得的持久动力，能力越突出越容易制定数字化创新战略。

3. 管理者支持对数字化创新战略驱动效应的调节作用

在制造企业数字化创新战略的驱动效应中，管理者支持对政策引导与数字化创新战略关系具有显著的正向调节作用。管理者支持对市场压力与数字化创新战略关系没有显著的调节作用。管理者支持对数字化资源与数字化创新战略关系具有显著的正向调节作用。管理者支持对数字化能力与数字化创新战略关系没有显著的调节作用。

管理者支持对制造企业数字化创新战略驱动效应的调节作用表明：在数字化创新战略与内外部环境间，发挥推动效能的关键为管理者支持。管理者支持水平直接影响着数字化创新战略受到内、外部驱动环境要素的影响水平。首先，支持数字化创新的管理者倾向于将外部政策当作制造企业数字化创新的有利因素，更容易了解政府政策规制对数字化创新的影响，进而通过数字化创新战略的制定来保障制造企业选择正确的发展路径。其次，为获取激励政策的优势与资源，管理者会借助数字化创新战略来实现企业资源的有效调动。最后，管理者对数字化态度积极会促使企业自主承担起数字化能力提升重任，从长期可持续发展维度作出科学战略规划与决策，在数字化创新实践中有效汇集与利用异质性资源与能力。

7.1.3　制造企业数字化创新战略对绩效的影响

制造企业选择"数字化"战略的价值得以肯定，无论是经济绩效还是创新绩效，制造企业数字化创新战略都能对其产生显著提升。

一方面，数字化创新战略能够显著提升制造企业的经济绩效。研究结论证明了数字化创新战略能够推动制造企业绩效有效提升，企业实施战略前期需投入一定资源，支出适当成本，前期的成本增加并不能代表数字化创新战略的实施会降低企业的经济绩效。在战略实施初期，企业初期投入设备与数字化技术的成本压力可借助数字化创新所获得的政府补贴、控制人力成本、改善生产效能等得到缓解。长期以来，数字化产品与服务的质量提升会提高企业的议价能力和差异化优势、客户忠诚度，有效参与市场竞争与发展，促使制造企业竞争力持续增强，利润空间进一步延伸。制造企业应该对数字化技术研发与应用、生产工艺创新、数字化管理、数字化影响等方面的投入进行合理地评估，关注企业在竞争市场可持续的竞争优势，从而使数字化创新战略长期价值得到良好挖掘。

另一方面，制造企业创新绩效可借助数字化创新战略而得到提升。制造企业推行市场应对策略，将更加关注数字化创新面临的问题和风险，通过掌握政策方向，了解市场竞争环境，在了解政策导向和利益相关者需求的同时，做好企业内部的风险防范措施，为数字化创新提供可靠保障。在实施数字化产品与服务战略的制造企业，通过数字化技术和设备的研发与应用，实现新的产品与工艺研发，提高生产效率，缓解资源冗余，改善客户服务质量。在实施数字化品牌战略的制造企业，通过企业数字化价值体系的传播，以及 CEO 的品牌扩大效应，向用户和合作伙伴宣传企业数字化品牌的创新价值和企业的愿景，在扩大消费群体的同时提高用户的忠诚度。通过数字化创新战略的协同，进一步提升制造企业的创新绩效。

7.1.4 数字化形象的中介作用

数字化形象的完全中介作用突出反映在数字化创新战略对制造企业绩效影响环节，对制造企业绩效与数字化创新战略作用原理作出合理解释说明，意味着借助于数字化形象传导能够使企业绩效在推行数字化创新战略过程中改善提升。

由于数字经济的快速发展，同时数字化技术的网络属性特点，社会各界高度重视数字化创新活动。所以，从数字化创新战略维度来看，制造企业战略决策对绩效的作用机理通常不会直接体现，而还需要通过数字化形象进行传导和转化。

首先，数字化形象的完全中介作用突出反映在数字化创新战略对制造企业绩效提升影响环节。制造企业的经济绩效离不开数字化形象的传导。数字化形象是制造企业拥有的一种特殊的无形资源，也是企业数字化品牌的绩效体现。良好的数字化形象能够为企业吸引更多的消费者并提升他们的忠诚度，从而提高企业销量和营业额；良好的数字化形象也更容易获得利益相关者的信任，从而获得更多的外部资源支持，数字化创新成本可以得到良好控制。

其次，数字化形象的完全中介作用突出反映在数字化创新战略对制造企业创新绩效提升影响环节。采取任何形式的数字化创新战略，对制造企业创新绩效的影响都需要数字化形象的传导。制造企业数字化创新战略的成果除了经济价值的体现外，只有被利益相关者认可，最终积极的企业评价才能够形成，这种良好的评价不断凝结沉淀形成企业的数字化形象。一个企业形象由于其显著的独特性，不容易被竞争对手轻易模仿，因此，制造企业核心竞争力、创新能力与绩效改善提升离不开数字化形象的有力推动。

数字化形象是连接数字化创新战略与企业绩效的桥梁。企业只有在数字化创新战略的实施过程中不断积累和树立良好的数字化形象，才能建立与企业经济绩效以及创新绩效的积极传导机制。

7.1.5 数字化能力的中介作用

数字化能力的完全中介作用突出反映在数字化创新战略对制造企业绩效影响环节的结论，对制造企业绩效受到数字化创新战略实施的影响原理作出合理解释说明，表明数字化能力是数字化创新战略提升企业绩效的必要过程，在推行数字化创新战略过程中，借助于数字化创新战略与数字化能力的循环动态效能而改善增强其核心能力，促使企业形成突出优势与创新能力，推动绩效持续改善提升。

首先，数字化能力的完全中介作用充分反映在制造企业推行数字化创新战略改善经济绩效环节。制造企业的经济绩效离不开数字化能力的传导。数字化能力是制造企业拥有的一种不可复制的、动态的核心能力，也是企业数字化战略的重要因素。优秀的数字化能力能够加快企业新技术应用、生产流程优化、产品与服务改善的步伐，在商业发展中借助数字化创新来提高市场地位优势，进而提升企业市场份额；优秀的数字化能力也能够帮助企业整合跨领域、跨部门的数字化优势资源，吸收更多的外部数字化经验与知识支持，降低企业数字化创新学习成本。

其次，数字化能力的完全中介作用充分反映在制造企业推行数字化创新开展来改善创新绩效环节。采取任何形式的数字化创新战略，对制造企业创新绩效的影响都需要数字化能力作为杠杆。制造企业数字化创新战略的成果除了经济价值的体现外，只有获得充分的经验和知识补偿，才能转化为企业自主创新优势。这种经验和知识的不断积累形成了动态的数字化能力。一个企业核心能力由于其显著的独特性，不容易被竞争对手轻易模仿，因此，制造企业核心竞争力与创新能力、绩效改善提升离不开数字化能力的有力扶持推动。

7.2 建议与启示

结合各章节分析结果，本研究从政府和企业等两个层面提出了制造企业数字化创新战略的政策建议与管理启示。其中，政府层面主要从政策、市场机制、企业管理人才机制等方面提出建议；企业层面主要从生产流程数字化、数据和人力管理、数字化形象树立以及数字化能力的培育等方面提出建议。

7.2.1 政策建议

制造企业数字化创新战略的实施需要宏观环境的驱动，针对研究结论中涉及宏观环境的影响，政府机构应该充分利用政策和市场环境，建立完善的政策保障体系，营造良好的数字化市场氛围，加大数字化创新的支持与实践，并将制造业高质量发展作为目标。具体从以下方面开展。

首先，政府机构应该发挥政策的组合优势。当前制造业正处于转型阶段，随着数字化创新活动的不断增加，我国数字化创新相关政策也处于持续完善的阶段，再加上数字化创新战略的外部性特征决定了制造企业离不开外部环境的影响，而外部环境中政策的引导力就显得至关重要。但由于政策存在滞后性的特征，面对快速变换的数字化发展，单一的政策模式无法保障数字化创新的持续发展，这时强制型政策、规范型政策和激励型政策的有效结合、优势互补作用更明显。强制型政策表现出政府的威信，约束了制造企业数字化创新的范围。在我国制造业数字化创新的探索阶段，可以约束企业的创新行为，有效防止在新兴市场中出现不可控制的乱象。但是强制型政策规定了制造企业数字化创新的底线要求，至于制造企业数字化创新"应该如何做"并未做出具体要求；而规范型政策涉及数字化创新的行业规划、技术标准、设备标准等，可以全方位地向制造企业传达数字化创新的具体方针和计划，从宏观视角为制造企业数字化创新战略的制定做出了一般规律性的指引。数字化创新活动最终属于制造企业的主观行为，强制型政策和规范型政策属于政策规制数字化创新行为的政策，而政府在干预制造业数字化创新活动时更需要考虑调动企业的积极性，激励型政策应该做好与强制型和规范型政策互补的角色。通过投融资、税收、专项资金、创新补贴等多种灵活的方式为制造企业开展数字化创新提供大力扶持，良好控制初期成本支出比重，激励企业主动开展数字化创新。

其次，应该充分发挥市场自发性的特点，通过资源配置和市场中主体关系来驱动制造企业进行数字化创新战略的实施与决策。营造良好的数字化市场理念，培养消费者数字化消费意识，提高产品数字化的需求量；加强供应链的战略联盟合作，激发供应商的数字化升级理念，通过与制造企业在研发、管理等方面的合作降低数字化创新的成本和风险，并通过供应链选择数字化合作对象；打造市场的合理竞争环境，打造制造业内数字化理念、知识、技术和信息等的共享渠道，为更多制造企业通过数字化竞争获取数字化资源和能力，以此赢得行业中的数字化优势。综上，通过发挥消费者、供应商、竞争者等市场内的利益相关者对企业形成驱动压力，进而影响数字化创新战略的制定与决策。

最后，根据课题研究结论能够发现，制造企业推行数字化创新战略的关键驱动调节因素为管理者。因此，政府应该注重提升企业管理者对数字化的认知。当管理者对数字化创新的认知度较高时，能够牢牢抓住外部环境的数字化发展机遇与资源，作出科学有效的规划与决策。管理者对数字化的多方位解读，在制造企业数字化创新战略的决策中起到了催化的作用。因此，政府机构应该通过加强对企业管理者的定期教育与沟通，通过讲座、培训和交流会等方式提升制造企业管理者对数字化创新的理解和认同，引导企业管理者形成数字化创新的意识和理念，并以此带动企业内部员工参与数字化创新战略的实践，在解读和利用外部环境优势的同时，调动企业内部资源和能力的积极性。

7.2.2 管理启示

符合政策要求，培育满足市场需求和行业发展的核心业务是企业生存发展的关键，数字经济时代需要制造企业时刻保持更加敏锐的嗅觉和洞察力，保持资源要素配置的弹性和敏捷度，加速传统业务的"因势而变"和新业务的"顺势而为"，弥合快速变化的外部环境带来的"盈利鸿沟"。这需要制造企业系统合理整合内部资源，加速数字化创新战略的决策，同时树立企业数字化形象形成强大的"向心力"，以及培育数字化能力形成充分的"执行力"，确保行动上的一致性和有效性。

第一，提升研发与生产数字化水平，强化分工协同与贯通不同部门、层级业务，提质降本增效和促进产品创新。（1）研发设计平台化。通过运用云计算、数字孪生等技术，将产品在物理空间内的信息进行数字化、可视化表达，企业依托平台对设计、供需双方资源整合利用，推动设计朝着协同集成、轻量高效方向发展，大幅降低企业试错成本，产业化、市场化推广新技术与产品。（2）生产环节智能化。依托智能技术的自行学习、感知、适应、执行及决策的功能，系统收集与客观分析生产环节源头多、结构差异大的"人机料法环"数据，对产品缺陷与效率改善困境根源进行有效洞察并采取措施解决，有效消除制造环节的内在波动，不断提高生产效率及产品质量。（3）生产网络协同化。借助网络化平台优化整合，逐步转型升级为网络协同生产方式，改变原来的线性链式布局，全面共享资源、优化业务结构，改善提升发展效率。（4）硬件资源软件化。软件定义打破了传统的生产流程，通过重构一个虚拟制造空间，实现研发、设计、仿真、实验、制造、服务全流程在虚拟空间的运行，推动制造过程快速迭代、持续优化和效率提升。

第二，提高数据管理水平，加强内外资源的整合利用，通过精准服务，协同创造企业与客户价值。（1）生产流程资源配置优化。在数据接入层、传输层、存储处理层和业务分析层，需要具备较为全面的数据运算、分析、统计、展现功能的集成化软硬件工具，以数据驱动企业的创新、生产和决策。（2）业务管理模式创新。制造企业基于对生产运营中产生的数据进行挖掘和利用，将自身业务通过数字化手段呈现、优化和管理，为企业的战略决策、运营管理、市场服务等业务活动提供指导，提升企业精准服务的能力和行业竞争力，成为企业培育新模式、新业态的强大引擎。（3）产品运维及增值服务一体化。借助于网络平台，制造企业全面贯通产品售后阶段数据，对工业数据及潜在价值进行系统深入挖掘，致力于搭建形成以产品使用为基础的大数据分析、产品远程运维及增值服务等全新业态形式，转型升级为集产品与服务于一体的业务模式，借助于用户数据进一步创新变革产品，拓展延伸价格方案，提升产品及服务附加值水平。（4）客户差异化需求精准定制。借助于客户交互资源与定制平台，强化推行精准交付、高效开发、柔性制造等发展模式，引导客户积极参与其中，获得良好体验并充分认可。依托互联网能够对客户差异化需求精准对接的优势，全面贯通融合企业研发、生产、服务等环节数据，通过精准化供给更好地满足客户需求。

第三，对内外环境因素进行及时响应，加快提升企业数字化品牌实力，并注重数字化形象的积累和树立。（1）制造企业应关注外部利益相关者的数字化需求。在企业外部，要发扬开放合作精神，与利益相关者共建和谐共生的生态圈，构建富有竞争力和可持续性发展的商业模式。一方面，关注消费者对数字化产品和服务的需求导向，有针对地进行创新和完善，提升消费者对企业数字化品牌的忠诚度；另一方面，加强与上下游企业的数字化配套水平。强化企业间协作、风险预警与应急处理能力，提高制造企业在产业链中的数字化对接能力，提高在业界的数字化声誉；关注竞争者数字化战略的动态趋势，及时调整战略方针以应对市场竞争环境的改变，提高数字化竞争优势。（2）充分整合、利用组织异质性资源，通过从上至下推行数字化理念，形成企业的数字化文化，为企业数字化创新战略提供内在的支撑。推动数字经济发展的重点要素就是数据，而新型生产力的典型代表之一即算法。在推进数字化创新战略过程中，除了重视数据以外，还要提升全员的数字素养，在数字优先和数据驱动决策的理念下，充分利用数字化手段和方法，有效地发现、获取、利用数据，优化与提升制造与服务效率和质量。众所周知，设计与落实数字化创新战略的核心主体是人，在打造数字化形象环节发挥主导作用，很大程度上决定了制造企业能否有序推行数字化创新战略。若仅停留于"机器代替人"的维度和人工智能单一性技术阶段，没有发挥对员工的激励引导和帮助作用，将无法达到理想化的数字化创新战略成本。秉承以人为主导，机器为人提供服务的主旨意识，科学利用智能化、数字化等先进技术，充分调动员工智慧，有效利用员工体力，推动员工素养技能延伸赋能，切实展现整体协同的潜在效能，实现企业与员工协同创新的良好局面。制造企业重视树立数字化形象。数字化形象的树立是一个动态循环的过程，在制造企业数字化创新战略的实施与绩效的提升关系中发挥着中介作用。制造企业通过品牌的整合和数字化愿景的经营等创新活动来宣传数字化价值体系，以此树立良好的数字化形象。（3）这一系列活动不仅是制造企业赢得市场和利益相关者认可的过程，同时也是数字化资源的有效积累过程，而这些资源和价值认同又会进一步增强制造企业开展数字化创新战略的动力和基础，形成数字化形象的循环上升和聚集。一方面，企业可以充分利用数字化形象的中介作用，不断撬动和吸引更多的优质资源，形成数字化竞争壁垒，帮助制造企业在新市场获得竞争优势。另一方面，数字化形象可以提升制造企业的数字化文化，影响企业内部的管理机制，在生产、设计、创新等各个环节引导员工加强对数字化创新的关注，从而逐步将创新绩效提升到同经济绩效同等重要的位置。

第四，加强信息技术支撑和协调能力，不断吸收内外环境的数字化知识和经验，注重数字化能力的综合培育与提升。（1）实现企业泛在互联。借助于网络的低成本优势，搭建形成高效完善、实时动态的数据采集系统，全面网络化畅通异构工业数据，推动系统有效采集多元化工业数据，数字化改造升级工业现场的无效设备与工作岗位，推动工业设备跨协议互通、跨设备互联、跨域相互理解进程，打破数据鸿沟，实现数字化转型背景下的全要素全面连接。（2）加强平台支撑。工业软件与数字化模型依托平台良好承载，企业有效沉淀、重复利用与传递工业知识，重新创造内在价值，延伸参与市场竞争的路径，布局产业新方向，整合平台生态资源，实现更广泛、更深层次的价值网络拓展。（3）组织液体化转变。每个员工都成为组织网络上的一个节点，带动企业资源围绕市场变化和客户需求而不断改变自己的组织和驱动方式，提高企业快速响应外部环境变化的敏捷性。液态组织的持续动力不是利益而是思想，企业将走向以人为本，关注成长的动力和可持续性的道路。（4）建立高效灵活机制。管理者需要提供更加灵活的管理制度，按照业务板块来划分组织，形成小巧灵动的"特种部队"，绑定职能部门与业务团队的业绩关系，激发组织协同，激励每一位员工主动参与经营，以更快地响应市场、响应产品，更充分地利用有限的资源，从而最大程度地创造价值，降低运行成本，提高运行效率和效益。（5）搭建组织内资源共享平台。企业将工艺、知识、创意等技术能力资源以数字化形态置于企业的资源平台中，形成可以共享的资源库，汇聚知识基础、沉淀核心能力、发挥知识洞察价值，服务于每一个"节点员工""每一支业务团队"，加速技术成果的产业化。同时聚集技术团队和需求方于同一平台，把共享资源可视化、可量化、可交易化，使共享平台有效运转，助力企业永续经营，同时提升孵化培育能力。（6）开展与外部利益相关者合作、共享战略。在要素资源配置更加灵活的趋势下，"闭门造车"将会错失用户，无法生存。企业所推行经营发展战略应秉承新产品、业务及价值协同客户共同界定、创造与共享的原则，利用灵活的组织和平台资源围绕企业战略自组织、自涌现，让客户需求直达产品研发、设计、生产和服务的创造过程，用企业能力满足用户需求，为用户创造新价值。

7.3　研究不足与展望

　　虽然本研究对制造企业数字化创新战略的关键要素以及作用机理进行了较为深入的探究，但仍存在部分局限，有待未来更深入研究。首先，由于我国制造业数字化创新正处于初级探索阶段，面对长期、动态的数字化创新战略的选择和实施，有关学术研究所需数据受限。本研究采用静态数据反映了制造企业数字化创新战略的关键驱动因素以及作用机理，但是制造企业在实施数字化创新战略过程中，不同的发展阶段面临的驱动要素与战略实施的关联性存在一定差异，数字化创新战略对企业绩效的作用也会随着战略推进而发生变化。因此，基于数字化创新战略的长期可持续发展，未来可在不同的时间维度，深入探究分析数字化创新战略影响绩效水平及不同阶段的驱动要素。在研究数字化创新战略对制造企业绩效产生影响的过程中，虽然将制造企业的绩效划分为创新绩效与经济绩效进行差异化分析，但是创新绩效与经济绩效之间的作用关系并未进一步研究，未来可以进一步关注创新绩效与经济绩效的作用关系。

参 考 文 献

［1］ Martinelli A, Mina A, Moggi M. The Enabling Technologies of Industry 4.0: Examining The Seeds of The Fourth Industrial Revolution. Industrial and Corporate Change, 2021, 30 (1): 161 – 188.

［2］ Bloom D E, Canning D, Lubet A. Global Population Aging: Facts, Challenges, Solutions & Perspectives. Daedalus, 2015, 144 (2): 80 – 92.

［3］ Johansson P E C, Malmsköld L, Fast – Berglund Å, Moestam L. Challenges of handling assembly information in global manufacturing companies. Journal of Manufacturing Technology Management, 2020, 31 (5): 955 – 976.

［4］ Ortt R, Stolwijk C, Punter M. Implementing Industry 4.0: assessing the current state. Journal of Manufacturing Technology Management, 2020, 31 (5): 825 – 836.

［5］ Xu L D, Xu E L, Li L. Industry 4.0: state of the art and future trends. International Journal of Production Research, 2018, 56 (8): 2941 – 2962.

［6］ Li L. China's manufacturing locus in 2025: With a comparison of "Made – in – China 2025" and "Industry 4.0". Technological Forecasting & Social Change, 2018: 135.

［7］ 何子龙, 盛新宇. 中德制造业数字化转型水平比较及对中国的政策启示. 经济体制改革, 2022 (5): 160 – 166.

［8］ 吴敏洁, 徐常萍, 唐磊. 制造业集聚、智能制造与劳动力流

动.统计与决策,2022,38(17):155-159.

[9] 汪立鑫,孟彩霞.创新能力,劳动力成本与地区制造业智能化转型.科学学研究,2023:1-13.

[10] 郑猛,杨先明,李波.有偏技术进步、要素替代与中国制造业成本——基于30个行业面板数据的研究.当代财经,2015(2):85-96.

[11] 盛朝迅,黄汉权.中美制造业成本比较及对策建议.宏观经济管理,2016(9):85-88.

[12] Prodi E, Tassinari M, Ferrannini A, Rubini L. Industry 4.0 policy from a sociotechnical perspective: The case of German competence centres. Technological Forecasting & Social Change, 2022: 175.

[13] Chu C K, Kun D, Joseph Z S. Industrial revitalization via industry 4.0 – A comparative policy analysis among China, Germany and the USA. Global Transitions, 2019 (1): 3-14.

[14] Nikos C. Is digital transformation the Deus ex Machina towards sustainability transition of the European SMEs? Ecological Economics, 2023, 206: 107739.

[15] 丁声一,谢思淼,刘晓光.英国《数字经济战略(2015-2018)》述评及启示.电子政务,2016(4):91-97.

[16] Peillon S, Dubruc N. Barriers to digital servitization in French manufacturing SMEs. Procedia CIRP, 2019 (83): 146-150.

[17] 刘军梅,谢霓裳.国际比较视角下的中国制造业数字化转型——基于中美德日的对比分析.复旦学报(社会科学版),2022,64(3):157-168.

[18] 石建勋,朱婧池.全球产业数字化转型发展特点、趋势和中国应对.经济纵横,2022(11):55-63.

[19] Luthans F, Schonberger R J, Morey R. Introduction to Management: A Contingency Approach. New York: McGraw – Hill, 1976.

[20] 刘继国.制造业服务化发展趋势研究.北京:经济科学出版

社, 2008, 5.

[21] Hofer C W. Toward a Congtingency Theory of Business Strategy. Academy of Management Journal, 1976, 18 (4): 784 – 810.

[22] Ginsberg A, Venkatraman N. Contingency Perspectives of Organizational Strategy: A Critical Review of the Empirical Research. Academy of Management Review, 1985, 10 (3): 421 – 434.

[23] Moran J W, Brightman B K. Leading organizational change. Career Development International, 2001, 6 (2): 111 – 118.

[24] Burnes B. Managing Change: A Strategic Approach to Organisational Dynamics. Harlow: Financial Times Prentice Hall, 2004.

[25] Rieley J B, Clarkson I. The impact of change on performance'. Journal of Change Management, 2001, 2 (2): 160 – 172.

[26] Graetz F. Strategic change leadership. Management Decision, 2000, 38 (8): 550 – 562.

[27] De Wit B, Meyer R. Strategy Synthesis: Resolving Strategy Paradoxes to Create Competitive Advantage. London: Thomson Learning, 2005.

[28] Sancak I E. Change management in sustainability transformation: A model for business organizations. Journal of Environmental Management, 2023, 330: 117165.

[29] Dempsey M, Geitner L, Brennan A, McAvoy J. A Review of the Success and Failure Factors for Change Management. IEEE Engineering Management Review, 2022, 50 (1): 85 – 93.

[30] North D C. Institutions, institutional change and economic performance. Cambridge: Cambridge University Press, 1990.

[31] Dimaggio J. Constructing an organizational field as a professional project: US Art museums, 1920 – 1940. The new institutionalism in organizational analysis, 1991 (2): 67 – 92.

[32] DiMaggio P, Powell W W. The iron cage revisited: Collective rationality and institutional isomorphism in organizational fields. American socio-

logical review, 1983, 48 (2): 147 – 160.

[33] Scott W R. Organizations and institutions. Sage Thousand Oaks, CA, 1995.

[34] Meyer K E, Peng M W. Probing theoretically into Central and Eastern Europe: Transactions, resources, and institutions. Journal of International Business Studies, 2005, 36 (6): 600 – 621.

[35] Peng M W, Heath P S. The growth of the firm in planned economies in transition: Institutions, organizations, and strategic choice. Academy of Management Review, 1996, 21 (2): 492 – 528.

[36] Peng M W. Towards an institution-based view of business strategy. Asia Pacific Journal of Management, 2002, 19 (2 – 3): 251 – 267.

[37] Peng M W. Institutional transitions and strategic choices. Academy of Management Review, 2003, 28 (2): 275 – 296.

[38] Barney J. Firm resources and sustained competitive advantage. Journal of Management, 1991, 17 (1): 99 – 120.

[39] Oliver C. Strategic responses to institutional processes. Academy of Management review, 1997, 16 (1): 145 – 179.

[40] Goodpaster K E. Business ethics and stakeholder analysis. Business Ethics Quarterly, 1991, 1 (1): 53 – 73.

[41] Mitchell R K, Agle B R, Wood D J. Toward a theory of stakeholder identification and salience: Defining the principle of who and what really counts. Academy of Management Review, 1997, 22 (4): 853 – 886.

[42] Donaldson T, Preston L E. The stakeholder theory of the corporation: Concepts, evidence and implications. Academy of Management Review, 1995, 20 (1): 65 – 91.

[43] Clarke T. The stakeholder corporation: A business philosophy for the information age. Long Range Planning, 1998, 31 (2): 182 – 194.

[44] Jones T M. Redefining the Corporation – Stakeholder Management and Organizational Wealth. Business and Society, 2002, 41 (4).

［45］ Hill C W L, Jones T M. Stakeholder-agency theory. Journal of Management Studies, 1992, 29: 131 – 154.

［46］ Puncheva P. The role of corporate reputation in the stakeholder decision-making process. Business & Society, 2008, 47: 272 – 290.

［47］ Harrison J S, Bosse D A, Phillips R A. Managing for stakeholders, stakeholder utility functions and competitive advantage. Strategic Management Journal, 2010, 31 (1): 58 – 74.

［48］ Sisodia R, Wolfe D B, Sheth J. Firms of endearment: How world-class companies profit from passion and purpose. Upper Saddle River, New Jersey: Pearson Education, 2014.

［49］ Harvey W S, Osman S, Tourky M. Building Internal Reputation from Organisational Values. Corporate Reputation Review, 2021: 1 – 14.

［50］ Kumar K, Boesso G, Michelon G. How Do Strengths and Weaknesses in Corporate Social Performance Across Different Stakeholder Domains Affect Company Performance? Business Strategy & the Environment, 2016, 25 (4): 277 – 292.

［51］ Le – Dain M A, Benhayoun L, Matthews J, Liard M. Barriers and opportunities of digital servitization for SMEs: the effect of smart Product – Service System business models. Service Business: An International Journal, 2023: 1 – 35.

［52］ Prahalad C K, Hamel G. The Core Competence of the Corporation. Harvard Business Review, 1990, 68 (3): 79 – 91.

［53］ Teece D J. Dynamic Cababilities and Strategic Management. Strategic Management Journal, 1997, 18 (7): 509 – 533.

［54］ Grant R M. The Resource – Based Theory of Competitive Advantage: Implications for Strategy Formulation. California Management Review, 1991, 33 (3): 114 – 135.

［55］ Wernerfelt B. A resource-based view of the firm. Strategic Management, 1984 (5): 171 – 180.

［56］ Collis D J. Research note: how valuable are organizational capabilities? Strategic Management, 1994 (15): 143 – 152.

［57］ Michalisin M D, Smith R D, Kline D M. In search of strategic assets. The International Journal of Organizational Analysis, 1997 (5): 360 – 387.

［58］ Barney J. Firm resources and sustained competitive advantage. Journal of Management, 1991 (17): 99 – 120.

［59］ Hall R. A framework linking intangible resources and capabilities to sustainable competitive advantage. Strategic Management, 1993 (14): 607 – 618.

［60］ Faibil D, Agyemang M, Amponsah O, et al. Assessing drivers of post-harvest losses: tangible and intangible resources' perspective. Environment, Development and Sustainability: A Multidisciplinary Approach to the Theory and Practice of Sustainable Development, 2021, 23 (11): 15785 – 15829.

［61］ Barney J B. Purchasing, supply chain management and sustained competitive advantage: the relevance of resource-based theory. Journal of Supply Chain Management, 2012 (2): 3.

［62］ Pérez – Cornejo C, De Quevedo – Puente E. How corporate social responsibility mediates the relationship between corporate reputation and enterprise risk management: evidence from Spain. Eurasian Business Review: A Journal in Industrial Organization, Innovation and Management Science, 2022: 1 – 21.

［63］ Chadwick C, Flinchbaugh C. Searching for Competitive Advantage in the Hrm – Firm Performance Relationship. Academy of Management Perspectives, 2021, 35 (2): 181 – 207.

［64］ Cake D A, Agrawal V, Gresham G, et al. Strategic orientations, marketing capabilities and radical innovation launch success. Journal of Business & Industrial Marketing, 2020, 35 (10): 1527 – 1537.

[65] Smith V K A, Tanniru S P. Organizational learning and resource-based theory: an integrative model. Journal of Organizational Change Management, 1996, 9 (6): 41.

[66] Alvarez S A, Busenitz L W. The entrepreneurship of resource-based theory. Journal of Management, 2001, 27 (6): 75 –775.

[67] Autio E, Nambisan S, Thomas L D W, Wright M. Digital affordances, spatial affordances, and the genesis of entrepreneurial ecosystems. Strategic Entrepreneur, 2018, 12 (1): 72 –95.

[68] Beltagui A, Rosli A, Candi M. Exaptation in a Digital Innovation Ecosystem: The Disruptive Impacts of 3D Printing. Res. Policy, 2020, 49 (1): 103833.

[69] Berente N, Lyytinen K, Yoo Y, Maurer C. Institutional Logics and Pluralistic Responses to Enterprise System Implementation: A Qualitative Meta –Analysis. MIS Quarterly, 2019, 43 (3): 873 –902.

[70] Nambisan S, Lyytinen K, Yoo Y. Digital Innovation: Towards a Transdisciplinary Perspective. In: Handbook of Digital Innovation. Edward Elgar Publishing, Cheltenham, UK, Northampton, MA, 2022: 2 –12.

[71] Bygstad B. Generative Innovation: A Comparison of Lightweight and Heavyweight IT. J. Informat. Technol, 2017, 32: 180 –193.

[72] Berente N. Agile development as the root metaphor for strategy in digital innovation. In: Handbook of Digital Innovation. Edward Elgar Publishing, Cheltenham, UK, Northampton, MA, 2020: 83 –96.

[73] Majchrzak A, Griffith T L. The New Wave of Digital Innovation: The Need for A Theory of Sociotechnical Self –Orchestration. In: Handbook of Digital Innovation. Edward Elgar Publishing, Cheltenham, UK, Northampton, MA, 2020: 17 –40.

[74] Nambisan S, Lyytinen K, Majchrzak A, Song M. Digital Innovation Management: Reinventing Innovation Management Research in a Digital World. MIS Quarterly, 2017, 41 (1): 223 –238.

［75］Wuersch L, Neher A, Peter M K. Digital internal communication: An interplay of socio-technical elements. International Journal of Management Reviews, 2022, 1.

［76］Ozer M. Understanding the impacts of product knowledge and product type on the accuracy of intentions-based new product predictions. European Journal of Operational Research, 2011, 211 (2): 359 – 369.

［77］Lyytinen K, Yoo Y, Boland Jr R J. Digital Product Innovation Within Four Classes of Innovation Networks. Informat. Syst. J. , 2016, 26 (1): 47 – 75.

［78］Henningsson S, Yetton P W, Wynne P J. A Review of Information System Integration in Mergers and Acquisitions. J. Informat. Technol. , 2018, 33 (4): 255 – 303.

［79］Tilson D, Lyytinen K, Sørensen C. Research Commentary—Digital Infrastructures: The Missing IS Research Agenda. Informat. Syst. Res. , 2010, 21 (4): 748 – 759.

［80］Yoo Y, Boland R J, Lyytinen K, Majchrzak A. Organizing for Innovation in the Digitized World. Organ. Sci. , 2012, 23 (5): 1398 – 1408.

［81］Yoo Y, Henfridsson O, Lyytinen K. The New Organizing Logic of Digital Innovation: An Agenda for Information Systems Research. Informat. Syst. Res. , 2010, 21 (4): 724 – 735.

［82］Resman M, Protner J, Simic M, Herakovic N, Calì M. A Five – Step Approach to Planning Data – Driven Digital Twins for Discrete Manufacturing Systems. Applied Sciences (2076 – 3417), 2021, 11 (8): 3639.

［83］Hutchinson P. Reinventing Innovation Management: The Impact of Self – Innovating Artificial Intelligence. IEEE Transactions on Engineering Management, 2021, 68 (2): 628 – 639.

［84］Chalmers D, Matthews R, Hyslop A. Blockchain as an external enabler of new venture ideas: Digital entrepreneurs and the disintermediation of the global music industry. Joural of Business Research, 2019, 125: 577 – 591.

[85] Fitzgerald M, Kruschwitz N, Bonnet D, Welch M. Embracing digital technology: a new strategic imperative. MIT Sloan Management Review, 2014, 55 (2): 1 – 15.

[86] Vial G. Understanding digital transformation: a review and a research agenda. Journal of Strategic Information Systems, 2019, 28 (2): 118 – 144.

[87] Rummel F, Hüsig S, Steinhauser S. Two archetypes of business model innovation processes for manufacturing firms in the context of digital transformation. R & D Management, 2022, 52 (4): 685.

[88] Chirumalla K. Building digitally-enabled process innovation in the process industries: A dynamic capabilities approach. Technovation, 2021, 105.

[89] Holler M, Neiditsch G, Uebernickel F, Brenner W. Digital Product Innovation in Manufacturing Industries – Towards a Taxonomy for Feedback-driven Product Development Scenarios. HICSS, 2017: 1 – 10.

[90] 陈剑, 黄朔, 刘运辉. 从赋能到使能——数字化环境下的企业运营管理. 管理世界, 2020, 36 (2): 117 – 128 + 222.

[91] 戚聿东, 蔡呈伟. 数字化对制造业企业绩效的多重影响及其机理研究. 学习与探索, 2020, 300 (7): 108 – 119.

[92] 刘淑春, 闫津臣, 张思雪, 林汉川. 企业管理数字化变革能提升投入产出效率吗. 管理世界, 2021, 37 (5): 170 – 190 + 13.

[93] Abrell T, Pihlajamaa M, Kanto L, et al. The role of users and customers in digital innovation: Insights from B2B manufacturing firms. Information & Management, 2016, 53 (3): 324 – 335.

[94] 谢卫红, 林培望, 李忠顺, 等. 数字化创新: 内涵特征、价值创造与展望. 外国经济与管理, 2020, 42 (9): 19 – 31.

[95] 闫俊周, 姬婉莹, 熊壮. 数字化创新研究综述与展望. 科研

管理, 2021, 42 (4): 11-20.

[96] Latilia V M M, Urbinati A, Cavallo A, et al. Organizational re-design for business model innovation while exploiting digital technologies: A single case study of an energy company. International Journal of Innovation and Technology Management, 2020, 2 (18): 2040002.

[97] Fichman R G, Dos Santos B L, Zheng Z. Digital innovation as a fundamental and powerful concept in the information systems curriculum. MIS Quarterly, 2014, 38 (2): 329-343.

[98] Bharadwaj A, El Sawy O A, Pavlou P A, Venkatraman N. Digital Business Strategy: Toward a Next Generation of Insights. MIS Quarterly, 2013, 37 (2): 471-482.

[99] Huang P, Tafti A, Mithas S. Platform Sponsor Investments and User Contributions in Knowledge Communities: The Role of Knowledge Seeding. MIS Quarterly, 2018, 42 (1): 213-240.

[100] Vega A, Chiasson M. A Comprehensive Framework to Research Digital Innovation: The Joint Use of the Systems of Innovation and Critical Realism. J. Strateg. Inf. Syst. , 2019, 28 (3): 242-256.

[101] Miric M, Boudreau K J, Jeppesen L B. Protecting their Digital Assets: The Use of Formal & Informal Appropriability Strategies by App Developers. Res. Policy, 2019, 48 (8): 1-13.

[102] Sebastian I M, Mocker M, Ross J W, et al. How Big Old Companies Navigate Digital Transformation. MIS Quart. Executive, 2017, 16 (3): 197-213.

[103] Mithas S, Tafti A, Mitchell W. How a Firm's Competitive Environment and Digital Strategic Posture Influence Digital Business Strategy. MIS Quarterly, 2013, 37 (2): 511-536.

[104] El Sawy O A, Malhotra A, Park Y, Pavlou P A. Research Commentary —Seeking the Configurations of Digital Ecodynamics: It Takes Three to Tango. Informat. Syst. Res. , 2010, 21 (4): 835-848.

［105］Nylén D, Holmström J. Digital Innovation Sstrategy: A Framework for Diagnosing and Improving Digital Product and Service Innovation. Bus. Horiz. , 2015, 58 (1): 57 – 67.

［106］Pagani M. Digital Business Strategy and Value Creation: Framing the Dynamic Cycle of control Points. MIS Quarterly, 2013, 37 (2): 617 – 632.

［107］Lucas H C, Goh J M. Disruptive Technology: How Kodak Missed the Digital Photography Revolution. J. Strateg. Inf. Syst. , 2009, 18 (1): 46 – 55.

［108］Gobble M M. Digitalization, digitization and innovation. Research – Technology Management, 2018, 61 (4): 56 – 59.

［109］Christian M T, Thomas H, Alexander B. Digital Transformation Strategies. Business & Information Systems Engineering, 2015, 57: 339 – 343.

［110］Sanchez M A. Framework to assess organizational readiness for digital transformation. Dimension Empresarial, 2017, 15 (2): 27 – 40.

［111］Loonam J, Eaves S, Kumar V, Parry G. Towards digital transformation: lessons learned from traditional organizations. Strategic Change, 2018, 27 (2): 101 – 109.

［112］Correani A, De M A, Frattini F, et al. Implementing a Digital Strategy: Learning from the Experience of Three Digital Transformation Projects. California Management Review, 2020, 62 (4): 37 – 56.

［113］Schallmo D, Williams C A, Lohse J. Digital Strategy – Integrated Approach and Generic Options. International Journal of Innovation Management, 2019, 23 (8).

［114］Nylen D, Holmstrom J. Digital innovation strategy: A framework for diagnosing and improving digital product and service innovation. IEEE Engineering Management Review, 2017, 45 (3): 128 – 138.

［115］Piccoli G, Rodriguez J, Grover V. Digital Strategic Initiatives and Digital Resources: Construct Definition and Future Research Directions. MIS Quarterly, 2022, 46 (4): 2289 – 2315.

［116］Kerin M, Pham D T. Smart remanufacturing: a review and research framework. Journal of Manufacturing Technology Management, 2020, 31 (6): 1205 – 1235.

［117］张峰, 刘曦苑, 武立东, 殷西乐. 产品创新还是服务转型: 经济政策不确定性与制造业创新选择. 中国工业经济, 2019 (7): 101 – 118.

［118］肖挺, 刘华, 叶芃. 制造业企业服务创新的影响因素研究. 管理学报, 2014, 11 (4): 591 – 598.

［119］马君, 郭明杰. 企业数字化转型、员工数字认知与创新绩效: 技术为刀, 我为鱼肉? 科技进步与对策, 2023: 1 – 11.

［120］Soluk J. Organisations' Resources and External Shocks: Exploring Digital Innovation in Family Firms. Industry & Innovation, 2022, 29 (6): 792 – 824.

［121］Li Y, Wang L, Xie J. Investigating the effects of stakeholder collaboration strategies on risk prevention performance in a digital innovation ecosystem. Industrial Management & Data Systems, 2022, 122 (9): 2045 – 2071.

［122］Rauniyar K, Wu X, Gupta S, et al. Risk management of supply chains in the digital transformation era: contribution and challenges of blockchain technology. Industrial Management & Data Systems, 2023, 123 (1): 253 – 277.

［123］Tsai W Y, Su C J. Digital transformation of business model innovation. Frontiers in Psycgology, 2022, 13: 1017750.

［124］Zhuang C, Gong J, Liu J. Digital twin-based assembly data management and process traceability for complex products. Journal of Manufacturing Systems, 2021, 58: 118 – 131.

［125］周文辉, 王鹏程, 杨苗. 数字化赋能促进大规模定制技术创

新. 科学学研究, 2018, 36 (8): 1516 – 1523.

[126] Meske C, Junglas I. Investigating the elicitation of employees' support towards digital workplace transformation. Behaviour & Information Technology, 2021, 40 (11): 1120 – 1136.

[127] Vasja R, Maja M, Franci P, Borut L. The Role and Meaning of the Digital Transformation As a Disruptive Innovation on Small and Medium Manufacturing Enterprises. Frontiers in Psychology, 2021, 12.

[128] Victor G, Aurora G, Rodrigo M, Nigel L. Editorial: Entrepreneurship and Digital Transformation: Managing Disruptive Innovation in a Changing Environment. Frontiers in Psychology, 2021, 12.

[129] Urbinati A, Chiaroni D, Chiesa V, Frattini F. The role of digital technologies in open innovation processes: an exploratory multiple case study analysis. R & D Management, 2020, 50 (1): 136 – 160.

[130] Opland L E, Pappas I O, Engesmo J, Jaccheri L. Employee-driven digital innovation: A systematic review and a research agenda. Journal of Business Research, 2022, 143.

[131] Wu J, Gong X, Liu Y. Research on the influence mechanism of employees' innovation behavior in the context of digital transformation. Frontiers in Psychology, 2022, 13.

[132] Pea – Assounga J B B, Yao H. The Mediating Role of Employee Innovativeness on the Nexus between Internet Banking and Employee Performance: Evidence from the Republic of Congo. Mathematical Problems in Engineering, 2021: 1 – 20.

[133] Nylén D, Holmström J, Lyytinen K. Oscillating between four orders of design: The case of digital magazines. Design Issues, 2014, 30 (3): 53 – 68.

[134] Chesbrough H, Rosenbloom R S. The role of the business model in capturing value from innovation: Evidence from Xerox Corporation's technology. Industrial and Corporate Change, 2002, 11 (3): 529 – 555.

[135] Bonakdar A, Frankenberger K, Bader M A, Gassmann O. Capturing value from business models: the role of formal and informal protection strategies. International Journal of Technology Management, 2017, 73 (4).

[136] O'Reilly C A, Tushman M. Ambidexterity as a dynamic capability: Resolving the innovator's dilemma. Research in Organizational Behavior, 2008, 28: 185 –206.

[137] Westergren U H, Holmström J. Exploring preconditions for open innovation: Value networks in industrial firms. Information and Organization, 2012, 22 (4): 209 –226.

[138] Kollmann T, Stockmann C, Niemand T, et al. A configurational approach to entrepreneurial orientation and cooperation explaining product/service innovation in digital vs. non-digital startups. Journal of Business Research, 2021, 125.

[139] Niu X, Qin S. Integrating crowd/service-sourcing into digital twin for advanced manufacturing service innovation. Advanced Engineering Informatics, 2021, 50.

[140] Nguyen N H, Tran Nguyen H N. The effect of digital marketing transformation trends on consumers' purchase intention in B2B businesses: The moderating role of brand awareness. Cogent Business & Management, 2022, 9 (1).

[141] 裴军, 周娅, 彭张林, 杨善林. 高端装备智能制造创新运作: 从平台型企业到平台型供应链. 管理世界, 2023, 39 (1): 226 –240.

[142] Ma R, Jiang L, Wang T, et al. How do manufacturing companies and service providers share knowledge in the context of servitization? An evolutionary-game model of complex networks. International Journal of Production Research, 2022: 1 –23.

[143] Li H, Yang Z, Jin C, Wang J. How an industrial internet plat-

form empowers the digital transformation of SMEs: theoretical mechanism and business model. J Knowl Manag, 2023, 27 (1): 105 – 120.

[144] Li L, Zhu W, Wei L, Yang S. How can digital collaboration capability boost service innovation? Evidence from the information technology industry. Technological Forecasting & Social Change, 2022, 182.

[145] Gao J, Zhang W, Guan T, Feng Q. Evolutionary game study on multi-agent collaboration of digital transformation in service-oriented manufacturing value chain. Electronic Commerce Research, 2022: 1 – 22.

[146] Goduscheit R C, Faullant R. Paths Toward Radical Service Innovation in Manufacturing Companies A Service – Dominant Logic Perspective. Journal of Product Innovation Management, 2018, 35 (5): 701 – 719.

[147] Thomas A. Convergence and digital fusion lead to competitive differentiation. Business Process Management Journal, 2020, 26 (3): 707 – 720.

[148] Hassenzahl M, Tractinsky N. User experience: A research agenda, Behav. Inform. echnol. , 2006, 25: 91 – 97.

[149] Wang C. Efficient customer segmentation in digital marketing using deep learning with swarm intelligence approach. Information Processing & Management, 2022, 59 (6).

[150] Burcu Saglam F. Sibel Salman, Serpil Sayin, & Metin Türkay. A mixed-integer programming approach to the clustering problem with an application in customer segmentation. Eur. J. Oper. Res, 2006, 173 (3): 866 – 879.

[151] Luo X, Yu S C. Relationship between External Environment, Internal Conditions, and Digital Transformation from the Perspective of Synergetics. Discrete Dynamics in Nature & Society, 2022: 1 – 12.

[152] Nasiri M, Saunila M, Rantala T, Ukko J. Sustainable innovation among small businesses: The role of digital orientation, the external environment, and company characteristics. Sustainable Development, 2022,

30 (4): 703.

[153] Márton A. Steps toward a digital ecology: ecological principles for the study of digital ecosystems. Journal of Information Technology, 2022, 37 (3): 250 – 265.

[154] Ping W. Connecting the Parts with the Whole: Toward an Information Ecology Theory of Digital Innovation Ecosystems. MIS Quarterly, 2021, 45 (1): 397 – 422.

[155] Ho J C, Lee C S. A typology of technological change: Technological paradigm theory with validation and generalization from case studies. Technological Forecasting & Social Change, 2015, 97: 128.

[156] Schallmo D, Williams C A, Boardman L. Digital transformation of business models – Best practice, enablers, and roadmap. International Journal of Innovation Management, 2017, 21 (8): 119 – 138.

[157] Graesch J P, Hensel B S, Henseler J. Information technology and marketing: an improtant partnership for decades. Indusrial Management and Data System, 2021, 121 (1): 123 – 157.

[158] 刘洋, 董久钰, 魏江. 数字化创新管理: 理论框架与未来研究. 管理世界, 2020, 36 (7): 198 – 217 + 219.

[159] Van Zeebroeck N, Kretschmer T, Bughin J. Digital "is" Strategy: The Role of Digital Technology Adoption in Strategy Renewal. IEEE Transactions on Engineering Management, 2021: 1 – 15.

[160] Melewar T C, Navalekar A. Leveraging corporate identity in the digital age. Marketing Intelligence & Planning, 2002, 20 (2): 96 – 103.

[161] Luo H, Qu X. Impact of environmental CSR on firm's environmental performance, mediating role of corporate image and pro-environmental behavior. Current Psychology: A Journal for Diverse Perspectives on Diverse Psychological Issues, 2023: 1 – 15.

[162] Sesen H, Gundogdu A. Corporate Social Responsibility, Corporate Reputation and Corporate Image: Testing a Mediational Model. Interna-

tional Journal of Business, 2023, 28 (1): 1.

[163] Berber N, Aleksic M, Slavic A, Jelaca M S. The Relationship between Corporate Social Responsibility and Corporate Reputation in Serbia. Engineering Economics, 2022, 33 (3): 232 – 245.

[164] 戚聿东, 蔡呈伟. 数字化企业的性质: 经济学解释. 财经问题研究, 2019 (5): 121 – 129.

[165] Hautala – Kankaanpaa T. The impact of digitalization on firm performance: examining the role of digital culture and the effect of supply chain capability. Business Process Management Journal, 2022, 28 (8): 90 – 109.

[166] Proksch D, Rosin A F, Stubner S, Pinkwart A. The Influence of a Digital Strategy on the Digitalization of New Ventures: The Mediating Effect of Digital Capabilities and a Digital Culture. Journal of Small Business Management, 2021.

[167] Martinez – Caro E, Cegarra – Navarro J G, Alfonso – Ruiz F J. Digital technologies and firm performance: The role of digital organisational culture. Technological Forecasting and Social Change, 2020, 154.

[168] Caroline R M, Paulo R C. Enterprise Servitization: Practical Guidelines for Culture Transformation Management. Sustainability, 2022, 15: 705.

[169] Lara L, Benjamin M, Felix E, et al. Corporate Digital Responsibility. Journal of Business Research, 2021 (122): 875 – 888.

[170] 戚聿东, 徐凯歌. 数字经济时代企业社会责任的理论认知与履践范式变革. 中山大学学报 (社会科学版), 2023, 63 (1): 165 – 176.

[171] 肖红军, 商慧辰. 数字企业社会责任: 现状、问题与对策. 产业经济评论, 2022 (6): 133 – 152.

[172] Siano A, Vollero A, Bertolini A. From brand control to brand co-creation: An integrated framework of brand paradigms and emerging brand

perspectives. Journal of Business Research, 2022, 152: 372 – 386.

［173］王雪冬, 陈晓宇, 孟佳佳. 数字化时代的品牌意义: 内涵、研究议题与未来展望. 外国经济与管理, 2020, 42 (9): 47 – 62.

［174］Mingione M, Abratt R. Building a corporate brand in the digital age: imperatives for transforming born-digital startups into successful corporate brands. Journal of Marketing Management, 2020, 36 (11/12): 981 – 1008.

［175］杨水根, 何松涛. 企业数字化扩散的政策激励机制研究——基于复杂网络演化博弈模型. 软科学, 2022: 1 – 14.

［176］侯林岐, 程广斌, 王雅莉. 国家级大数据综合试验区如何赋能企业数字化转型. 科技进步与对策, 2022: 1 – 11.

［177］Zhang W, Zhao S, Wan X. Industrial digital transformation strategies based on differential games. Applied Mathematical Modelling, 2021, 98: 90.

［178］Dubey R, Gunasekaran A, Childe S J. Big data analytics capability in supply chain agility: The moderating effect of organizational flexibility. Management Decision, 2018, 57 (8): 2092 – 2112.

［179］Sun S, Hall D J, Cegielski C G. Organizational intention to adopt big data in the B2B context: An integrated view. Industrial Marketing Management, 2020, 86.

［180］任晓怡, 苏雪莎, 常曦, 汤子隆. 中国自由贸易试验区与企业数字化转型. 中国软科学, 2022 (9): 130 – 140.

［181］胡媛媛, 陈守明, 仇方君. 企业数字化战略导向、市场竞争力与组织韧性. 中国软科学, 2021 (S1): 214 – 225.

［182］Martin P, Jaroslav V. The Product Customization Process in Relation to Industry 4.0 and Digitalization. Processes, 2022, 10: 539.

［183］Johnston K, Adeniran – Ogundipe T, Lautenbach P. Factors influencing business intelligence and analytics usage extent in South African Organisations. South African Journal of Business Management, 2017, 48 (3):

23 - 33.

［184］ Cheng L. Decision Modeling and Evaluation of Enterprise Digital Transformation Using Data Mining. Mobile Information Systems，2022：1 - 9.

［185］ Wu L，Sun L，Chang Q，Zhang D，Qi P. How do digitalization capabilities enable open innovation in manufacturing enterprises? A multiple case study based on resource integration perspective. Technological Forecasting & Social Change，2022：184.

［186］ 张巍. 企业数字化转型关键因素和保障分析——以科创板上市公司为例. 人民论坛·学术前沿，2022（18）：70 - 78.

［187］ 余东华，李云汉. 数字经济时代的产业组织创新——以数字技术驱动的产业链群生态体系为例. 改革，2021（7）：24 - 43.

［188］ 颉茂华，刘铁鑫，施诺，王乾. 数据驱动能力、组织结构对企业战略绩效的影响——基于 A 网约车公司的纵向案例研究. 管理学报，2022，19（3）：317 - 325 + 432.

［189］ 李少帅，孙丽文. 数据驱动如何化解制造业不确定性风险?——基于海尔的案例研究. 研究与发展管理，2021，33（6）：5 - 17.

［190］ Mirela C T，Ionica O，Hassan D A，et al. Drivers and Barriers in Using Industry 4. 0：A Perspective of SMEs in Romania. Processes，2019，7（3）：153.

［191］ Borovkov A，Rozhdestvenskiy O，Pavlova E，et al. Key Barriers of Digital Transformation of the High - Technology Manufacturing：An Evaluation Method. Sustainability，2021，13（20）：11153.

［192］ 张任之. 新一代信息技术驱动制造业价值链重构研究——基于模块化理论视角. 学习与探索，2022（10）：121 - 128.

［193］ 张新，郭昊，王高山. 新一代信息技术驱动的产品适应性创新机制. 北京交通大学学报（社会科学版），2021，20（1）：19 - 30.

［194］ Peter M K，Kraft C，Lindeque J. Strategic action fields of digital transformation：An exploration of the strategic action fields of Swiss SMEs and large enterprises. Journal of Strategy and Management, 2020, 13 (1): 160 – 180.

[195] Ghobakhloo, Iranmanesh M. Digital transformation success under Industry 4. 0: a strategic guideline for manufacturing SMEs. Journal of Manufacturing Technology Management, 2021, 32 (8): 1533 – 1556.

[196] Hajizadeh Y. Machine learning in oil and gas; a SWOT analysis approach. Journal of Petroleum Science and Engineering, 2019, 176: 661 – 663.

[197] Nieuwenhuizen C, Louw C. Digitalization strategies for SMEs: a cost vs. skill approach for website development. African Journal of Science, Technology, Innovation and Development, 2020, 12 (2): 195 – 202.

[198] 崔淼, 周晓雪. 数字导向战略更新的前因及实现路径探析: 组织忘却学习视角. 科研管理, 2022, 43 (4): 75 – 82.

[199] Zhang X, Xu Y, Ma L. Research on Successful Factors and Influencing Mechanism of the Digital Transformation in SMEs. Sustainability, 2022, 14 (5): 2549.

[200] Li H, Han Z, Zhang J, et al. Systematic Identification of the Influencing Factors for the Digital Transformation of the Construction Industry Based on LDA – DEMATEL – ANP. Buildings, 2022, 12 (1409): 1409.

[201] Rusly F H, Talib Y Y A, Hussin M R A, Mutalib H A. Modelling the internal forces of SMEs digital adaptation strategy towards industry revolution 4. 0. Polish Journal of Management Studies, 2021, 24 (1): 306 – 321.

[202] 王新光. 管理者短视行为阻碍了企业数字化转型吗——基于文本分析和机器学习的经验证据. 现代经济探讨, 2022 (6): 103 – 113.

[203] 阳镇, 陈劲, 商慧辰. 何种经历推动数字化: 高管学术经历与企业数字化转型. 经济问题, 2022 (10): 1 – 11.

[204] Birkel H, Wehrle M. Small-and Medium – Sized Companies

Tackling the Digital Transformation of Supply Chain Processes: Insights From a Multiple Case Study in the German Manufacturing Industry. IEEE Transactions on Engineering Management, 2022 (71): 13711 - 13726.

［205］Scuotto V, Magni D, Theofilos T, Giudice M D. Chief Digital Officer and Organizational Creativity Toward Digitalization. IEEE Transactions on Engineering Management, 2022 (71): 13775 - 13786.

［206］毛聚, 李杰, 张博文. CEO 复合职能背景与企业数字化转型. 现代财经（天津财经大学学报）, 2022, 42（9）: 37 - 58.

［207］宋敬, 张卓, 叶涛. 高管团队异质性与数字商业模式创新——基于 A 股上市公司的经验分析. 技术经济, 2022, 41（5）: 39 - 51.

［208］Porter M E, Millar V E. How information gives you competitive advantage. Harvard Business Review, 1985, 63（4）: 149 - 160.

［209］李煜华, 张敬怡, 褚祝杰. 技术动荡情境下数字化技术赋能制造企业服务化转型绩效研究——基于资源—能力的链式中介作用. 科学学与科学技术管理, 2022: 1 - 18.

［210］胡杨, 王馗, 范红忠. 数字化转型与企业海外投资: 事实考察与机理分析. 财经论丛, 2022: 1 - 14.

［211］Eller R, Alford P, Kallmünzer A, Peters M. Antecedents, consequences, and challenges of small and medium-sized enterprise digitalization. Journal of Business Research, 2020, 112: 119 - 127.

［212］Yu F, Jiang D, Zhang Y, Du H. Enterprise digitalisation and financial performance: the moderating role of dynamic capability. Technology Analysis & Strategic Management, 2021: 1 - 17.

［213］李德辉, 潘丽君, 尚铎. 企业数字化转型、冗余资源与创新产出——基于中国非金融上市公司的考察. 软科学, 2022: 1 - 11.

［214］唐韬, 李方静, 夏伦. 企业数字化对劳动生产率的影响——来自中国私营企业的经验证据. 中国地质大学学报（社会科学版）, 2022: 1 - 13.

［215］王文娜，阳镇，梅亮，陈劲. 价值链数字化能产生创新赋能效应吗？——来自中国制造企业的微观证据. 科学学与科学技术管理，2022：1-40.

［216］张海丽，王宇凡，Michael Song. 大数据驱动创新过程提高数字化创新绩效的路径. 科学学研究，2022：1-36.

［217］赵慧娟，姜盼松，范明霞，和媛媛. 数据驱动中小制造企业提升创新绩效的机理——基于扎根理论的探索性研究. 研究与发展管理，2021，33（3）：163-175.

［218］Shen L, Sun C, Ali M. Role of Servitization, Digitalization, and Innovation Performance in Manufacturing Enterprises. Sustainability, 2021, 13 (17): 9878.

［219］Wu H, Hu S, Hu S. How digitalization works in promoting corporate sustainable development performance? The mediating role of green technology innovation. Environmental Science and Pollution Research, 2022: 1-11.

［220］Zeng H, Ran H, Zhou Q, et al. The financial effect of firm digitalization: Evidence from China. Technological Forecasting & Social Change, 2022, 183.

［221］Wang Y. The Impact of Digital Strategic Orientation on Enterprise Sustainable Performance Against the Background of 2030 Sustainable Performance Goal. Mathematical Problems in Engineering, 2022: 1-10.

［222］Ardito L, Raby S, Albino V, Bertoldi B. The duality of digital and environmental orientations in the context of SMEs: Implications for innovation performance. Journal of Business Research, 2021, 123: 44-56.

［223］Nayal K, Raut R D, Yadav V S, et al. The impact of sustainable development strategy on sustainable supply chain firm performance in the digital transformation era. Business Strategy and The Environment, 2022, 31 (3): 845.

［224］Yan Y L, Mohammad F. The Impact of Digitalization and Resources on Gaining Competitive Advantage in International Markets: Mediating Role of Marketing, Innovation and Learning Capabilities. Technology Innovation Management Review, 2019, 9 (11): 26 – 39.

［225］王永伟, 李彬, 叶锦华, 刘雨展. CEO 变革型领导行为、数字化能力与竞争优势: 环境不确定性的调节效应. 技术经济, 2022, 41 (5): 109 – 121.

［226］Bouwman H, Nikou S, Reuver M. Digitalization, business models, and SMEs: How do business model innovation practices improve performance of digitalizing SMEs? Telecommunications Policy, 2019, 43 (9).

［227］Hasan R, Ardian A, Olivia F, Tina R. Social Media Engagement, Organizational Agility and Digitalization Strategic Plan to Improve SMEs' Performance. IEEE Transactions on Engineering Management, 2021: 1 – 10.

［228］Arias – Pérez J, Velez – Ocampo J, Cepeda – Cardona J. Strategic orientation toward digitalization to improve innovation capability: why knowledge acquisition and exploitation through external embeddedness matter. Journal of Knowledge Management, 2021, 25 (5): 1319 – 1335.

［229］Ungerman O, Dedkova J, Gurinova K. The Impact of Marketing Innovation on the Competitiveness of Enterprises in the Context of Industry 4. 0. Journal of Competitiveness, 2018, 10 (1): 132 – 148.

［230］白长虹. 案例研究: 求实还要求真. 南开管理评论, 2019, 22 (3): 1 – 2.

［231］毛基业, 李亮. 管理学质性研究的回顾、反思与展望. 南开管理评论, 2018, 21 (6): 12 – 16.

［232］郑烨, 吴建南. 政府支持行为何以促进中小企业创新绩效? ——一项基于扎根理论的多案例研究. 科学学与科学技术管理, 2017, 38 (10): 41 – 54.

［233］杜勇, 曹磊, 谭畅. 平台化如何助力制造企业跨越转型升级

的数字鸿沟？——基于宗申集团的探索性案例研究. 管理世界, 2022, 38 (6): 117-139.

[234] 毛基业, 李高勇. 案例研究的"术"与"道"的反思——中国企业管理案例与质性研究论坛综述. 管理世界, 2014 (2): 111-117.

[235] 李志刚, 韩炜, 何诗宁, 张敬伟. 轻资产型裂变新创企业生成模式研究——基于扎根理论方法的探索. 南开管理评论, 2019, 22 (5): 117-129.

[236] Ingstrup M B, Aarikka - Stenroos L, Adlin N. When institutional logics meet: alignment and misalignment in collaboration between academia and practitioners. Industrial Marketing Management, 2021, 92: 267-276.

[237] 王玮, 徐梦熙. 移动互联网背景下整合使用概念、维度及其对任务绩效的影响机制——基于扎根理论的探索性研究. 南开管理评论, 2020, 23 (5): 16-27.

[238] Wang Y, Su X. Driving factors of digital transformation for manufacturing enterprises: a multi-case study from China. International Journal of Technology Management, 2022, 87 (2-4).

[239] Ghobakhloo M, Fathi M. Corporate survival in Industry 4.0 era: the enabling role of lean-digitized manufacturing. Journal of Manufacturing Technology Management, 2020, 31 (1): 1-30.

[240] Marion T J, Fixson S K. The Transformation of the Innovation Process: How Digital Tools are Changing Work, Collaboration, and Organizations in New Product Development. Journal of Product Innovation Management, 2021, 38 (1): 192-215.

[241] 郑烨, 吴建南. 政府支持行为何以促进中小企业创新绩效？——一项基于扎根理论的多案例研究. 科学学与科学技术管理, 2017, 38 (10): 41-54.

[242] 卢强, 邓扬, 杨雨东. 制度压力视域下供应链数字化创新驱动因素研究. 科技进步与对策, 2022: 1-11.

[243] 曾皓. 区位导向性政策促进企业数字化转型吗？——基于国

家数字经济创新发展试验区的准自然实验. 财经论丛，2022：1-14.

［244］陈和，黄依婷，杨永聪. 政府税收激励对企业数字化转型的影响——来自固定资产加速折旧政策的经验证据. 产业经济评论，2022：1-15.

［245］Ying M，Shan H，Tikuye G A. How Do Stakeholder Pressures Affect Corporate Social Responsibility Adoption？Evidence from Chinese Manufacturing Enterprises in Ethiopia. Sustainability，2022，14（1）：443.

［246］余菲菲，王丽婷. 数字技术赋能我国制造企业技术创新路径研究. 科研管理，2022，43（4）：11-19.

［247］杨金玉，彭秋萍，葛震霆. 数字化转型的客户传染效应——供应商创新视角. 中国工业经济，2022（8）：156-174.

［248］武常岐，张昆贤，周欣雨，周梓洵. 数字化转型、竞争战略选择与企业高质量发展——基于机器学习与文本分析的证据. 经济管理，2022，44（4）：5-22.

［249］张明超，孙新波，王永霞. 数据赋能驱动精益生产创新内在机理的案例研究. 南开管理评论，2021，24（3）：102-116.

［250］赖晓烜，陈衍泰，范彦成. 制造企业数据驱动动态能力的形成与演化. 科学学研究，2022：1-19.

［251］邓新明，刘禹，龙贤义，等. 管理者认知视角的环境动态性与组织战略变革关系研究. 南开管理评论，2021，24（1）：62-73+88-90.

［252］Palumbo R. Does digitizing involve desensitizing？Strategic insights into the side effects of workplace digitization. Public Management Review，2022，24（7）：975-1000.

［253］Wang Y Y，Su X. Driving factors of digital transformation for manufacturing enterprises：a multi-case study from China. International Journal of Technology Management，2021，87（2-4）：229-253.

［254］张媛，孙新波，钱雨. 传统制造企业数字化转型中的价值创造与演化——资源编排视角的纵向单案例研究. 经济管理，2022，44

（4）：116 – 133.

［255］Lorenz R，Benninghaus C，Friedli T，et al. Digitization of manufacturing：the role of external search. International Journal of Operations & Production Management，2020，40（7 – 8）：1129 – 1152.

［256］胡川，黄华. 沉淀冗余、研发生产率与核心信息技术能力——数字化转型的调节作用. 软科学，2022：1 – 12.

［257］王玉，贾涛，陈金亮. 供应商交互、创新双元与企业绩效：跨部门协调的作用. 管理科学，2021，34（5）：93 – 107.

［258］Borowski P F. Digitization，Digital Twins，Blockchain，and Industry 4.0 as Elements of Management Process in Enterprises in the Energy Sector. Energies，2021，14（7）：1885.

［259］Wca B，Pmc B，Jv C，et al. Unravelling the internal and external drivers of digital servitization：A dynamic capabilities and contingency perspective on firm strategy. Industrial Marketing Management，2020，89：265 – 277.

［260］王满四，霍宁，周翔. 数字品牌社群的价值共创机理研究——基于体验主导逻辑的视角. 南开管理评论，2021，24（3）：92 – 103.

［261］Verhoef P C，Broekhuizen T，Bart Y，et al. Digital transformation：A multidisciplinary reflection and research agenda. Journal of Business Research，2021，122：889 – 901.

［262］Kharlamov A A，Parry G. The impact of servitization and digitization on productivity and profitability of the firm：a systematic approach. Production Planning and Control，2020（4）：1 – 13.

［263］Oliveira L，Fleury A，Fleury M T. Digital power：Value chain upgrading in an age of digitization. International Business Review，2021，30（6）.

［264］Shashi，Centobelli P，Cerchione R，et al. Agile supply chain management：where did it come from and where will it go in the era of digital transformation? Industrial Marketing Management, 2020, 90: 324 –345.

［265］赵宸宇. 数字化发展与服务化转型——来自制造业上市公司的经验证据. 南开管理评论, 2021, 24（2）: 149 – 163.

［266］Feng H, Wang F, Song G, Liu L. Digital Transformation on Enterprise Green Innovation: Effect and Transmission Mechanism. International Journal of Environmental Research and Public Health, 2022, 19 （17）: 10614.

［267］Bressanelli G, Pigosso D C A, Saccani N, Perona M. Enablers, levers and benefits of Circular Economy in the Electrical and Electronic Equipment supply chain: a literature review. Journal of Cleaner Production, 2021, 298.

［268］Arens M. Policy support for and R&D activities on digitising the European steel industry. Resources, Conservation & Recycling, 2019, 143: 244 – 250.

［269］Ma Q, Tariq M, Mahmood H, Khan Z. The nexus between digital economy and carbon dioxide emissions in China: The moderating role of investments in research and development. Technology in Society. , 2022, 68.

［270］Dou Q, Gao X. The double-edged role of the digital economy in firm green innovation: micro-evidence from Chinese manufacturing industry. Environ Sci Pollut Res, 2022 （29）: 67856 – 67874.

［271］Zhang W, Zhao S, Wan X. Industrial digital transformation strategies based on differential games. Applied Mathematical Modelling, 2021, 98: 90 – 108.

［272］Ji H, Pang Y, Suo L, Wang T. Research on How External Environment Influences Digitalization of Cultural Enterprises. Discrete Dynamics in Nature & Society, 2022: 1 – 9.

［273］Branstad A, Solem B A. Emerging theories of consumer-driven market innovation, adoption, and diffusion: A selective review of consumer-oriented studies. Journal of Business Research, 2020, 116: 561 – 571.

［274］Bounie D, Dubus A, Waelbroeck P. Selling strategic informa-tion in digital competitive markets. The Rand Journal of Economics (Black-well), 2021, 52 (2).

［275］Kunkel S, Matthess M, Xue B, Beier G. Industry 4.0 in sus-tainable supply chain collaboration: Insights from an interview study with international buying firms and Chinese suppliers in the electronics industry. Resources, Conservation & Recycling, 2022, 182.

［276］Cozzolino A, Corbo L, Aversa P. Digital platform-based eco-systems: The evolution of collaboration and competition between incumbent producers and entrant platforms. Journal of Business Research, 2021, 126: 385 – 400.

［277］Ngo V M, Nguyen H H, Pham H C, et al. Digital supply chain transformation: effect of firm's knowledge creation capabilities under COVID – 19 supply chain disruption risk. Operations Management Research: Advancing Practice through Theory, 2022: 1 – 16.

［278］Chen Y, Li J, Zhang J. Digitalisation, data-driven dynamic ca-pabilities and responsible innovation: An empirical study of SMEs in China. Asia Pacific Journal of Management, 2022: 1 – 41.

［279］Wen H, Lee C C, Song Z. Digitalization and environment: how does ICT affect enterprise environmental performance? Environ Sci Pollut Res, 2021 (28): 54826 – 54841.

［280］Meudt T, Metternich J, Abele E. Value stream mapping 4.0: Holistic examination of value stream and information logistics in production. CIRP Annals – Manufacturing Technology, 2017, 66 (1): 413 – 416.

［281］Buer S V, Semini M, Strandhagen J O, Sgarbossa F. The com-plementary effect of lean manufacturing and digitalisation on operational per-formance. International Journal of Production Research, 2021, 59 (7): 1976 – 1992.

［282］Haghi S, Summer A, Bauerschmidt P, Daub R. Tailored Digitalization in Electrode Manufacturing: The Backbone of Smart Lithium – Ion Battery Cell Production. Energy Technology, 2022, 10 (10): 1 – 19.

[283] Pech M, Vrchota J. The Product Customization Process in Relation to Industry 4.0 and Digitalization. Processes, 2022, 10 (3): 539.

[284] Wei Z, Sun L. How to leverage manufacturing digitalization for green process innovation: an information processing perspective. Industrial Management & Data Systems, 2021, 121 (5): 1026 – 1044.

[285] Vaagan R W, Torkkola S, Sendra A, et al. A Critical Analysis of the Digitization of Healthcare Communication in the EU: A Comparison of Italy, Finland, Norway, and Spain. International journal of communication, 2021: 1718.

[286] Marion T J, Fixson S K. The Transformation of the Innovation Process: How Digital Tools are Changing Work, Collaboration, and Organizations in New Product Development. Journal of Product Innovation Management, 2021, 38 (1): 192 – 215.

[287] Sandberg J, Holmström J, Lyytinen K. Digitization and Phase Transitions in Platform Organizing Logics: Evidence from the Process Automation Industry. MIS Quarterly, 2020, 44 (1): 129 – 153.

[288] Sklyar A, Kowalkowski C, Tronvoll B, Sörhammar D. Organizing for digital servitization: A service ecosystem perspective. Journal of Business Research, 2019, 104: 450 – 460.

[289] Zhen Z, Yousaf Z, Radulescu M, Yasir M. Nexus of Digital Organizational Culture, Capabilities, Organizational Readiness, and Innovation: Investigation of SMEs Operating in the Digital Economy. Sustainability, 2021, 13 (2): 720.

[290] Wessel L, Baiyere A, Ologeanu T R, et al. Unpacking the Difference Between Digital Transformation and IT – Enabled Organizational Transformation. Journal of the Association for Information Systems, 2021, 22 (1): 102 – 129.

［291］Sok P, O'Cass A. Achieving superior innovation-based perform-ance outcomes in SMEs through innovation resource-capability complemen-tarity. Industrial Marketing Management, 2011, 40 (8): 1285 – 1293.

［292］Spillan J E, Parnell J A, Panibratov A, Yukhanaev A. Strategy and performance of Russian firms: an organisational capabilities perspective. European Journal of International Management, 2020, 15 (1): 1.

［293］Smith P, Beretta M. The Gordian Knot of Practicing Digital Transformation: Coping with Emergent Paradoxes in Ambidextrous Organizing Structures. Journal of Product Innovation Management, 2021, 38 (1): 166 – 191.

［294］AlNuaimi B K, Kumar S S, Ren S, et al. Mastering digital transformation: The nexus between leadership, agility, and digital strategy. Journal of Business Research, 2022, 145.

［295］Schiuma G, Schettini E, Santarsiero F, Carlucci D. The trans-formative leadership compass: six competencies for digital transformation en-trepreneurship. International Journal of Entrepreneurial Behavior & Research, 2021, 28 (5): 1273 – 1291.

［296］Hansen A M, Kraemmergaard P, Mathiassen L. Rapid Adapta-tion in Digital Transformation: a Participatory Process for Enging is and Busi-ness Leaders. MIS Quarterly Executive, 2011, 10 (4): 175 – 185.

［297］Magesa M M, Jonathan J. Conceptualizing digital leadership characteristics for successful digital transformation: the case of Tanzania. In-formation Technology for Development, 2022, 28 (4): 777 – 796.

［298］罗建强, 蒋倩雯. 数字化转型下产品与服务创新优先级演化分析——基于海尔智家案例. 科学学研究, 2022, 40 (9): 1710 – 1720.

［299］郭润萍, 韩梦圆, 邵婷婷, 冯子晴. 生态视角下数字化转型企业的机会开发机理——基于海尔和苏宁的双案例研究. 外国经济与管理, 2021, 43 (9): 43 – 67.

［300］任保平, 何苗. 我国新经济高质量发展的困境及其路径选择.

西北大学学报（哲学社会科学版），2020，50（1）：40-48.

[301] 韩文龙，陈航.数字化的新生产要素与收入分配.财经科学，2021（3）：56-68.

[302] 郑帅，王海军.数字化转型何以影响枢纽企业创新绩效？——基于模块化视角的实证研究.科研管理，2022，43（11）：73-82.

[303] 李雪松，党琳，赵宸宇.数字化转型、融入全球创新网络与创新绩效.中国工业经济，2022（10）：43-61.

[304] Annarelli A, Battistella C, Nonino F, et al. Literature review on digitalization capabilities: Co-citation analysis of antecedents, conceptualization and consequences. Technological Forecasting & Social Change, 2021: 166.

[305] Freitas J C D, Macada A C G, Goh J M. Information Visualization and Responsiveness as Digital Capabilities to Improve Digital Business Performance. HCI, 2018 (23): 699-714.

[306] 池毛毛，王俊晶，王伟军.数字化转型背景下企业创新绩效的影响机制研究——基于 NCA 与 SEM 的混合方法.科学学研究，2022，40（2）：319-331.

[307] 李盼盼，乔晗，郭韬.数字化水平对制造企业商业模式创新的跨层次作用研究.科研管理，2022，43（11）：11-20.

[308] 周青，王燕灵，杨伟.数字化水平对创新绩效影响的实证研究——基于浙江省73个县（区、市）的面板数据.科研管理，2020，41（7）：120-129.

[309] 单标安，刘晓菊，赵润萱，吕兴群.组织能力、组织创新与数字化转型如何激发新产品开发绩效？——基于 fsQCA 的组态效应研究.研究与发展管理，2022，34（3）：81-93.

[310] 王海军，王淞正，张琛，郭龙飞.数字化转型提高了企业 ESG 责任表现吗？——基于 MSCI 指数的经验研究.外国经济与管理，2022：1-17.

［311］Sousa - Zomer T T, Neely A, Martinez V. Digital transforming capability and performance: a microfoundational perspective. International Journal of Operations & Production Management, 2020, 40 (7/8): 1095 - 1128.

［312］Li L, Zhu W, Wei L, Yang S. How can digital collaboration capability boost service innovation? Evidence from the information technology industry. Technological Forecasting & Social Change, 2022: 182.

［313］Li J, Zhou J, Cheng Y. Conceptual Method and Empirical Practice of Building Digital Capability of Industrial Enterprises in the Digital Age. IEEE Transactions on Engineering Management, 2022, 69 (5): 1902 - 1916.

［314］Xie X, Han Y, Anderson A, Ribeiro - Navarrete S. Digital platforms and SMEs' business model innovation: Exploring the mediating mechanisms of capability reconfiguration. International Journal of Information Management, 2022: 65.

［315］刘向东, 米壮, 何明钦, 安婷. 零售数字化创新与企业竞争力——基于利益相关者视角的实证研究. 商业经济与管理, 2022 (5): 5 - 17.

［316］姜君蕾, 夏恩君, 贾依帛. 数字化企业如何重构能力实现数字融合产品创新. 科学学研究, 2013: 1 - 17.

［317］易加斌, 张梓仪, 杨小平, 等. 互联网企业组织惯性、数字化能力与商业模式创新. 南开管理评论, 2022, 25 (5): 29 - 42.

［318］范合君, 吴婷. 新型数字基础设施、数字化能力与全要素生产率. 经济与管理研究, 2022, 43 (1): 3 - 22.

［319］侯光文, 刘青青. 网络权力与创新绩效: 基于企业数字化能力视角. 科学学研究, 2022, 40 (6): 1143 - 1152.

［320］吕芬, 朱煜明, 凯瑟琳·罗伯特, 周家和. 外部环境对中小型企业采用数字技术影响研究. 科学学研究, 2021, 39 (12): 2232 - 2240.

［321］ Torfs I, Wayenberg E, Danneels L. Institutional shifts and punctuated patterns in digital policy. Review of Policy Research, 2022：1.

［322］ Gruber H. Proposals for a digital industrial policy for Europe. Telecommunications Policy, 2019, 43（2）：116 – 127.

［323］ 何玉梅. 面向数字化转型的科技型中小企业创新激励政策探讨. 中国科技论坛, 2021（6）：4 – 6.

［324］ 张樨樨, 郝兴霖. 组态视域下员工数字化转型抗拒的诱发与缓释. 科学学研究, 2022：1 – 18.

［325］ 廖民超, 蒋玉石, 金佳敏, 高增安. 创新生态系统下的企业数字化创新能力：内涵重构与量表开发. 软科学, 2022：1 – 17.

［326］ 刘洋, 应震洲, 应瑛. 数字化创新能力：内涵结构与理论框架. 科学学研究, 2021, 39（6）：981 – 984 + 988.

［327］ 王冰, 毛基业. 传统企业如何通过内部创业实现数字化转型？——基于资源匹配的战略演化视角. 管理评论, 2021, 33（11）：43 – 53.

［328］ Benitez J, Arenas A, Castillo A, Esteves J. Impact of digital leadership capability on innovation performance：The role of platform digitization capability. Information & Management, 2022, 59（2）.

［329］ Beatriz G O, Miguel A L N, Javier G C. Top Management Support in the Implementation of Industry 4. 0 and Business Digitization：The Case of Companies in the Main European Stock Indices. IEEE Access, 2021, 9：139994 – 140007.

［330］ Kunkel S, Matthess M, Xue B, Beier G. Industry 4. 0 in sustainable supply chain collaboration：Insights from an interview study with international buying firms and Chinese suppliers in the electronics industry. Resources, Conservation & Recycling, 2022, 182.

［331］ Antonopoulou K, Begkos C. Strategizing for digital innovations：Value propositions for transcending market boundaries. Technological Forecasting & Social Change, 2020, 156.

［332］Chouaibi S, Festa G, Quaglia R, Rossi M. The risky impact of digital transformation on organizational performance-evidence from Tunisia. Technological Forecasting & Social Change, 2022, 178.

［333］Almunawar M N, Anshari M. Digital enabler and value integration: revealing the expansion engine of digital marketplace. Technol Anal Strateg Manag, 2022, 34 (7): 847 - 857.

［334］Simões C, Sebastiani R. The Nature of the Relationship Between Corporate Identity and Corporate Sustainability: Evidence from The Retail Industry. Business Ethics Quarterly, 2017, 27 (3): 423 - 453.

［335］Melewar T C, Navalekar A. Leveraging corporate identity in the digital age. Marketing Intelligence & Planning, 2002, 20 (2).

［336］Ferreira J J M, Fernandes C I, Ferreira F A F. To be or not to be digital, that is the question: Firm innovation and performance. Journal of Business Research, 2019, 101: 583 - 590.

［337］吴明隆. 结构方程模型: AMOS 的操作与应用. 重庆: 重庆大学出版社, 2010: 287 - 344.

附　　录

问卷调查

尊敬的女士/先生：

您好！我们正在开展一项有关制造企业数字化创新战略的学术研究，为了进一步了解目前制造企业对数字化创新战略开展和实施的情况，我们的调研小组将展开企业的抽样调查，以此为研究课题提供相关数据，以此保证研究结果的科学性。在此，我们将进行无记名调查，收集到的数据和信息仅限用于学术研究，绝不会作为他用。希望能您在百忙之中如实填写此表，能够真实反映企业现状。

调查项目	调查填写		
	如无特别说明，填写时请在相应的选项上打"√"即可		
基本情况			
贵企业成立年份			
贵企业员工数量	□ 少于100人 □ 500~999人	□ 100~299人 □ 1000~1999人	□ 300~499人 □ 2000人以上
贵企业产权性质	□ 国有企业	□ 民营企业	□ 其他
贵企业上年度的销售收入	□ 3年以下 □ 1亿~3亿元	□ 500万~5000万元 □ 多于3亿元	□ 0.5亿~1亿元
您是贵企业的	□ 董事长 □ 研发、生产、市场等部门经理 □ 项目负责人	□ 总经理 □ 一线员工	

续表

1. 制造企业数字化创新战略的驱动力	完全不符合	不符合	不大符合	一般	基本符合	符合	完全符合
A1. 相关法律法规严格规定了严格的数字化技术标准	1	2	3	4	5	6	7
A2. 基于法律法规或规章要求，主管部门制定了细致完善的数字化经济发展规划	1	2	3	4	5	6	7
A3. 政府机构出台的数字化创新企业税收优惠扶持政策十分完善	1	2	3	4	5	6	7
B1. 企业的供应商对数字化程度要求高	1	2	3	4	5	6	7
B2. 企业的顾客对数字化创新行为关注度高	1	2	3	4	5	6	7
B3. 竞争企业的数字化水平高	1	2	3	4	5	6	7
C1. 企业数据存储设备处于行业先进水平，可以保障数据的安全	1	2	3	4	5	6	7
C2. 企业员工经过培训和思想教育能更好地接受数字化技术	1	2	3	4	5	6	7
C3. 企业生产场景标准化可以保障数字化创新的兼容性	1	2	3	4	5	6	7
C4. 企业生产流程各环节具有独立性，可以保障数字化的安全	1	2	3	4	5	6	7
D1. 企业在行业内拥有的信息技术能力处于较高水平	1	2	3	4	5	6	7

1. 制造企业数字化创新战略的驱动力	完全不符合	不符合	不大符合	一般	基本符合	符合	完全符合
D2. 企业在行业内拥有的跨部门协调并解决数字化技术应用的能力处于较高水平	1	2	3	4	5	6	7
D3. 企业在行业内拥有的学习并吸收外部数字化经验和知识能力处于较高水平	1	2	3	4	5	6	7
D4. 企业在行业内拥有的自我创新能力处于较高水平	1	2	3	4	5	6	7
2. 制造企业数字化创新战略的实施情况	完全不符合	不符合	不大符合	一般	基本符合	符合	完全符合
E1. 企业加强市场调研了解消费者的数字化需求	1	2	3	4	5	6	7
E2. 企业满足利益相关者的数字化需求以获得周边产品的支持	1	2	3	4	5	6	7
E3. 企业加强市场调研挖掘新的机会	1	2	3	4	5	6	7
E4. 企业加强经营管理提高应对数字化创新潜在风险的能力	1	2	3	4	5	6	7
E5. 企业调整经营活动传播自身的数字化价值体系	1	2	3	4	5	6	7
3. 制造企业管理者对数字化的支持情况	完全不符合	不符合	不大符合	一般	基本符合	符合	完全符合
F1. 管理者关注数字化相关政策对企业的影响	1	2	3	4	5	6	7

3. 制造企业管理者对数字化的支持情况	完全不符合	不符合	不大符合	一般	基本符合	符合	完全符合
F2. 管理者认可数字化创新对企业经营的积极影响	1	2	3	4	5	6	7
F3. 管理者对数字化技术有一定的了解和掌握	1	2	3	4	5	6	7
F4. 管理者需要通过数字化创新来提升团队业绩	1	2	3	4	5	6	7
4. 制造企业数字化形象情况	完全不符合	不符合	不大符合	一般	基本符合	符合	完全符合
G1. 企业在行业内被视为数字化创新的基准	1	2	3	4	5	6	7
G2. 企业在行业内的数字化创新实践被认为是专业的	1	2	3	4	5	6	7
G3. 企业对数字化创新有深刻的认识，融入企业文化	1	2	3	4	5	6	7
G4. 企业的数字化创新是值得合作伙伴信赖的	1	2	3	4	5	6	7
G5. 企业在进行数字化创新时得到消费者的认可	1	2	3	4	5	6	7
5. 制造企业绩效情况	完全不符合	不符合	不大符合	一般	基本符合	符合	完全符合
H1. 企业的盈利增长情况在同行业中处于领先水平	1	2	3	4	5	6	7
H2. 企业的销售收入增长情况在同行业中处于领先水平	1	2	3	4	5	6	7

5. 制造企业绩效情况	完全不符合	不符合	不大符合	一般	基本符合	符合	完全符合
H3. 企业的市场份额变化情况在同行业中处于领先水平	1	2	3	4	5	6	7
H4. 企业的投资回报情况在同行业中处于领先水平	1	2	3	4	5	6	7
I1. 企业数字化流程创新明显增加	1	2	3	4	5	6	7
I2. 企业工艺创新数量明显增加	1	2	3	4	5	6	7
I3. 企业产品和服务的创新数量明显增加	1	2	3	4	5	6	7